Vladimir G. (Vladimir Gregorievitch) Simkhovitch

Die Feldgemeinschaft in Russland

Vladimir G. (Vladimir Gregorievitch) Simkhovitch

Die Feldgemeinschaft in Russland

ISBN/EAN: 9783744636797

Hergestellt in Europa, USA, Kanada, Australien, Japan

Cover: Foto ©ninafisch / pixelio.de

Weitere Bücher finden Sie auf **www.hansebooks.com**

Inhaltsverzeichnis.

Vorrede I—XIII.

Abschnitt I.

	Seite
Der bäuerliche Grundbesitz im äufsersten Norden Rufslands . .	1—24
Kapitel 1. Entstehung und Wesen des nordrussischen Anteilbesitzes. (Nach den Forschungen der Frau Alex. Jefimenko)	1—11
Kapitel 2. Die Wolost	11—15
Kapitel 3. Die Ausbildung des Privateigentums an Grund und Boden	15—18
Kapitel 4. Die Entstehung der Feldgemeinschaft im äufsersten Norden	18—24
Der Anteilbesitz in Klein- und Grofsrufsland	24—31
Kapitel 5. Der Anteilbesitz in Kleinrufsland	24—28
Kapitel 6. Der Viertelrechtsbesitz in Grofsrufsland	28—31
Der bäuerliche Grundbesitz im Moskauer Staate	31—56
Kapitel 7. Die Lage der Bauern vor der Leibeigenschaft. Spuren des Anteilbesitzes als Grundbesitzform	31—41
Kapitel 8. Die ländlichen Proletarier	41—43
„ 9. Die Entstehung der Leibeigenschaft	43—56

Abschnitt II.

Die Ausbildung und Verbreitung der Feldgemeinschaft in der Periode der Leibeigenschaft	—
Kapitel 10. Die Entstehung der Feldgemeinschaft auf dem gutsherrlichen Boden	—
Kapitel 11. Die zwangsweise Einführung der Feldgemeinschaft bei den Staatsbauern	—
Die Entstehung der Feldgemeinschaft in der Gegenwart	—
Kapitel 12. Wesen und Merkmale der Feldgemeinschaft . .	—
Kapitel 13. Der Übergang der Viertelrechtsbauern zur Feldgemeinschaft	—
Kapitel 14. Die Entstehung der Feldgemeinschaft in Sibirien	—
Kapitel 15. Die Entwicklung der Grundbesitzformen bei den Donschen Kosaken und in Neurufsland	—

Abschnitt III.

Die Gestaltungsformen der Feldgemeinschaft

- Kapitel 16. Die Feldgemeinschaft und die solidarische Haft.
- Kapitel 17. Die Rechnungseinheit und die Verteilungssysteme des Grundbesitzes
- Kapitel 18. Die Umteilungen
- Kapitel 19. Partielle Umteilungen
- Kapitel 20. Neuverlosungen
- Kapitel 21. Die Umteilungstechnik
- Kapitel 22. Die Feldgemeinschaftliche Nutzung der Wiesen, Weiden, Wälder und des Gehöftlandes
- Kapitel 23. Produktionsgenossenschaftliche Formen der Feldgemeinschaft
- Kapitel 24. Verteilung der Steuern und Lasten
- Kapitel 25. Zusammengesetzte, gemischte und geteilte Gemeinden
- Kapitel 26. Die Schäden der Feldgemeinschaft.

Abschnitt IV.

Die Aufhebung der Leibeigenschaft

- Kapitel 27. Die Vorgeschichte der Emanzipation
- Kapitel 28. Die Abschaffung der Leibeigenschaft
- Kapitel 29. Normierung des Landanteils und der Pachtzahlungen
- Kapitel 30. Verwirklichung und Abschluſs der Emanzipation der gutsherrlichen Bauern
- Kapitel 31. Die Emanzipation der Apanagenbauern
- Kapitel 32. Emanzipation der Staatsbauern
- Kapitel 33. Statistische Ergebnisse der Bauernbefreiung

Abschnitt V.

- Kapitel 34. Das physiologische Existenzminimum und die Produktivität des bäuerlichen Anteillandes
- Kapitel 35. Der Landmangel und die Feldgemeinschaft
- Kapitel 36. Die Differenzierung des Bauernstandes und die Feldgemeinschaft
- Kapitel 37. Die Auflösung der bäuerlichen Groſsfamilie und die Feldgemeinschaft
- Kapitel 38. Die neuere Gesetzgebung über die Feldgemeinschaft

Der bäuerliche Grundbesitz im äussersten Norden Russlands.

I. Enstehung und Wesen des nordrussischen Anteilbesitzes.

Da wir von der Gentilverfassung der Slaväno-russischen Stämme sehr wenig wissen und da wir der Ansicht sind, dafs die russische moderne Feldgemeinschaft nichts Gemeinsames mit irgend einer Gentilverfassung hat, überlassen wir das russische Altertum seinem zukünftigen Geschichtsschreiber und fragen ob die Feldgemeinschaft eine Institution des Moskauer Zarenreiches war. Das Moskowitische Rufsland umfafst aber ein gewaltiges Gebiet, das vorläufig nicht gleichmäfsig erforscht ist. Am reichhaltigsten sind die Urkunden, die wir besitzen aus dem früheren Nowgorodschen Gebiete, und am genauesten und vollständigsten ist der russische Norden (das gegenwärtige Gouvernement Archangelsk) erforscht. Auf die Erforschungen des russischen Nordens beriefen sich unsere Gelehrten, die die Ursprünglichkeit der Feldgemeinschaft bewiesen zu haben glaubten. Der russische Norden, behauptete man, habe in der ursprünglichsten Reinheit die altrussische Institution bewahrt, denn niemals habe er früher das Mongolische Joch und später die Leibeigenschaft gekannt.[1)]

Aber trotz alledem wäre auch über den Norden unser Wissen sehr zweifelhafter Natur, wäre nicht Frau Alexandra Jefimenko von

---

[1)] Vgl. den Aufsatz von Lalosch in den „Väterlichen Analen" 1874 „Die Gemeinde im Gouvernement Oloneck".

der russischen Regierung nach dem Gouvernement Archangelsk verbannt. Ihren Forschungen allein verdanken wir die klare und genaue Kenntnis der Geschichte des Nordens und, wie wir sehen werden, die Lösung unserer Frage. Deshalb wollen auch wir mit den nordrussischen Verhältnissen anfangen, und legen unserer Betrachtung die Forschungen von Frau Jefimenko zu Grunde. Diese Forschungen sind unter dem Titel: „Der bäuerliche Grundbesitz im äußersten Norden" in der Zeitschrift „Russkaja Mysl" 1882, IV—V, 1883, VI—VIII erschienen. Im Jahre 1884 wurde diese Artikelserie ihrem größeren Werke „Forschungen über das Volksleben" einverleibt.

Das Gebiet, von dem die Rede ist, war eine Kolonie der freien Republik Nowgorod und war bekannt unter dem Namen Zavoločje. Es umfaßt das ganze Territorium der nördlichen Dwina und deren Nebenflüsse Pinega und Onega. Den Anfang der Kolonisation legten die Kaufleute. Die Eingeborenen des Landes, wahrscheinlich ein ostfinischer Stamm, den die Russen „Tschudj" nannten, waren im Besitz der Zobelfelle, Blaufüchse, Marder, Hermelins, des teueren „Fischzahn", d. h. des Walroßhauzahnes, und diese Produkte haben schon längst die Nowgoroder zu schätzen gelernt. Bald darauf wurde der finische Stamm unterworfen und tributpflichtig gemacht. Im XII. Jahrhundert war schon das Land zum Teil von den Nowgorodern kolonisiert. Aber weit von der Kolonie entfernt, konnte Nowgorod nicht immer seine Kolonie vor den Ausbrüchen der Feinde beschützen und so kam es dazu, daß vor dem Falle Nowgorods (1478) in der Zavoločje die Moskauer Großfürsten fast eben solche Herren, wie Nowgorod selbst waren. Trotzdem mußte Moskau nach der Eroberung Nowgorods mit den Waffen in der Hand sich Zavoločje unterwerfen. Die Nowgoroder Familien, die Zavoločje erobert und kolonisiert hatten, eigneten sich unermeßliche Ländereien an, die sie von den Hälftnern bebauen ließen. Neben den Bojaren und den Hälftnern gab es, wie Jefimenko behauptet, noch eine dritte Gruppe von Eigentümern, und das waren kleine Grundbesitzer, freie selbständige Bauern, die Arbeitskraft und Kapital genug hatten um Land zu okkupieren und zu roden. Nach der Moskauer Eroberung wurde das Bojarenwie das Bauernland zur Domäne des Moskauer Großfürsten gemacht, der Unterschied zwischen den freien Bauern und den Hälftnern verschwand, und die Beziehung der Bauern zum Grund und Boden charakterisiert sich von nun an in der Formel: „Das Land des Großfürsten und meines Vaters und mein Arbeitsbesitz." (Das Wort „Posilje" glaube ich durch „Arbeitsbesitz" übersetzen zu dürfen.)

Diese Bauern wohnten in Dörfern. Aber was wurde unter dem Namen „Dorf" im Norden verstanden? Darüber giebt uns Frau Jefimenko die Auskunft, nämlich, daſs ein Dorf eine in sich geschlossene Einheit ist, deren Centrum der Hof bildet und dem Äcker und Wiesen, Wald und Gewässer nebst andere Nutzungen angehören.¹)

Beim Kauf und Verkauf handelte es sich nicht um dieses oder jenes Flächenmaſs, es handelte sich um eine besondere Einheit, die „Dorf" heiſst, und so hören wir vom Kaufe und Verkaufe $\frac{1}{2}$, $\frac{1}{3}$, $\frac{1}{4}$ etc. eines Dorfes, oder 1, 2, 3 etc. Dörfer werden ge- oder verkauft. Wir sehen also, daſs das nordrussische Dorf nichts mit unserem Begriffe „Dorf" zu thun hat, sondern daſs es sich hier bei „Dorf" um eine besondere Einheit handelt, dessen Schwerpunkt der Hof bildet und alles übrige wird bestimmt durch die Formel: „aus welcher Stelle (also Hof) wohin die Axt, die Sense und der Haken ging", oder „wohin die Hand ging", oder „was seit alter Zeit diesem Dorfe angehört".

Während aber in den Urkunden der Nowgoroder Periode es sich immerwährend um ein Dorf mit einem Hofe handelt, finden wir in den späteren Urkunden schon Dörfer mit einem paar oder mit einigen Höfen. Aufschluſs über die Zahl der Höfe geben uns die Steuerbücher.

Die Steuerbücher sind für uns von so wichtiger Bedeutung, daſs wir diesen einige Worte widmen müssen. Wir werden hier mit zwei Arten von Steuerbüchern zu thun haben: mit „Piscowya" und „Werwnya".²)

Die Piscowya-Bücher waren eine Art Census, eine Beschreibung des Grundbesitzes, die die Regierung von Zeit zu Zeit unternahm,

---

¹) A. Jefimenko, Forschungen über das Volksleben. Moskau 1884. p. 204—5: „Ich (folgt Name) habe mein Land abgetreten... Den Hof des Wodnikower Dorfes und den Bergacker und das Wiesenland... und das neugerodete Land und die Fangorte im Walde und die Gewässer und mit allen den Nutzungen, die seither diesem Dorfe angehörten." (Sammlung der Jefimenkoschen Urkunden — Kaufbrief aus dem Jahre 1551) „... Und beide diese Dörfer verkauften wir mit deren Ackerland etc.... und mit allen Nutzungen dieser Dörfer." (Rechtsurkunden Nr. 86.) Ebenso erkennt das Nowgorodsche Gerichtsbuch das Dorf als eine bestimmte Einheit an, so sagt es: „Und wer eine Angelegenheit haben wird, die Grund und Boden betrifft, ein Dorf oder zwei oder mehr oder weniger, der wende sich an das Gericht." (Urkunden der Acheograph. Expedition I Nr. 92.)

²) Im Moskauer Ruſsland gab es noch eine dritte Kategorie von Steuerbüchern „Perepisnya"; ich verweise darüber den deutschen Leser auf Keuſsler I. p. 27 (Anmerkung).

um die Leistung ihrer Unterthanen festzustellen. Die ältesten Piscowya, die bei uns erhalten geblieben sind, sind die Bücher der Derewskaja und Wodskaja Pjatina, also Bücher über zwei ehemalige Nowgoroder Provinzen, die aus dem Jahre 1495 herrühren. Viel wertvoller noch ist die andere Art der Steuerbücher, die Werwnya, auf die sich Frau Jefimenko besonders stützt. Die Werwnya-Bücher wurden von den Bauern selber geschrieben, um die Steuerlast untereinander gleichmäfsig zu verteilen. Während die Piscowya als Steuereinheit nur das Dorf kennen, nehmen die Werwnya für eine solche den Hof an, und deshalb beschreiben sie in der genauesten Weise den Grundbesitz eines jeden Hofes, so dafs wir eine klare Übersicht über ein jedes Dorf haben.[1] Als Flächenmafs dient hier die Werw (Schnur), die aus 64 Werwsashen besteht, eine jede Werwsashen = ungefähr 250 gegenwärtige □ Sashen (eine russische Sashen = 2,13 Meter).

Und nun betrachten wir die Werwnya der Panilowschen Wolostj (was Wolostj ist, darüber werden wir später eine Aufklärung geben, vorläufig wollen wir unter Wolostj einen Steuerbezirk verstehen). Diese Werwnaya ist im Jahre 1612 geschrieben, sie bezieht sich auf einen Teil des Dwinaschen Gebietes und umfafst folgende Dörfer

Dörfer	Hof	Grundbesitzfläche		
Obere Tawra	1	2 Werw	17	Sashen
„ „	2	4 W.	$33^{1}/_{2}$	S.
„ „	3		5	S. (Bobyl=Besitzloser)
Untere Tawra	1	4 Werw		

Das übrige ausgerissen.

Nowinskaja	1	1 W.	$8^{1}/_{2}$ S.
„	2	1 W.	$8^{1}/_{2}$ S.
Wlasjewskaja	1	4 W.	3 S.
„	2	4 W.	22 S.
„	3	3 W.	61 S.
„	4	3 W.	46 S.
„	5	—	$20^{1}/_{2}$ S. (Bobyl)
Woronowskaja	1	3 W.	4 S.
„	2	1 W.	24 S.
„	3	—	5 S. (Bobyl)
„	4	—	16 S. (Bobyl)

---

[1] A. Jefimenko op. cit. p. 212.
[2] Jefimenko op. cit. p. 215.

Derewenjka	1	1 W.	44 S.
„	2	1 W.	38 S.
„	3	1 W.	36 S.
„	4	1 W.	33 S.
„	5	1 W.	33 S.
Orlecy	1	4 W.	16 S.
„	2	2 W.	$3^1/_2$ S.
„	3	2 W.	$3^1/_2$ S.

Dieses Steuerbuch enthält auch eine ausführliche Beschreibung der Landstücke, die zu einem jeden Hofe gehören, und ein jeder Hof hat meistens 20—30 solcher zersplitterten Landstücke. Ein jedes Landstück, ein jeder Streifen hat seinen besonderen Namen, der sehr häufig leider vollständig unübersetzbar ist, so heifst ein Streifen z. B. „das Feld hinter dem Fenster", ein anderes „das Dampfbadfeldchen" u. s. w. Diese zersplitterten Streifen und Stückchen gruppieren sich in drei oder zwei Felder (je nach der Feldwirtschaft), die Benennungen der einzelnen Stücke wiederholen sich, wenn auch manchmal etwas modifiziert, in den Beschreibungen der übrigen Höfe desselben Dorfes, bald wird dem Leser offenbar, dafs diese zersplitterten Stücke einst ein einheitliches Ganze bildeten, dafs diese Einheit in Feldern geteilt war, die Felder in Streifen, und dafs jetzt, wo die frühere Einheit zersplittert ist, ein jeder Hof seinen Anteil an einem jeden Streifen hat. Ferner aber bemerken wir, dass auch quantitativ die Anteile in einer gewissen Proportion stehen. Die Anteile sind entweder gleich oder sie stehen in einem multiplen Verhältnis zu einander. Am häufigsten ist das Verhältnis von 2:1, aber es kommen auch andere Verhältnisse vor, und wo die Zahl der Höfe grofs ist, ist das Verhältnis manchmal sehr kompliziert. Wir führen ein paar solcher Dorf- und Hof-Beschreibungen an

Dorf Nowinki.[1]

Prokopij Filimonofs Hof.			Nason Schipicins Hof.		
Gornej zemli w dwornej peremene dwuch polos	18	Sashen	Gornej zemli w dwornej peremene dwuch polos	18	Sashen
Serednej pérmeny trech polosok	14	„	Serednej peremeny trech loskutow	14	„

---

[1] Jefimenko op. cit. p. 215.

— 6 —

Zapolnej peremeny trech loskutow	11	Sashenj	W rapolnej peremene dwuch loskutow	11	Sashenj
Toj že peremeny za ručjem že pereložku podleschawo	1	„	La ručjem nowinki (Neuland)	3	„
Po nižnuju storonu ručja požni	15½	„	La ručjem podleschawo pereložku	1	„
Werchnej poženki i s pereložkom	10	„	Poženki po nižnuju storony ručja	15½	„
Lugowawa parku pod serednim polem dwuch polosok	7½	„	Werchnej poženki i s pereložkom	10	„
Pereložku nižnjawo, čto ot Towerskoj zemli	3¾	„	Lugawawo parku pod serednim polem dwuch polosok	7½	„
U Gremjačewo Nowinki	1	„	Nižnjawo pereložku čto ot Towerskoj zemli	1¾	„
In summa hat Prokopij Bergland und Wiesenland als steuerpflichtig registrierte 1 Werwj und 8½ Sashen.			U Gremjačew o ručja nowinki	1	„
			Bergland und Wiesenland hat Nason im Tjaglo (steuerpflichtig) 1 Werw und 8½ Sashen.		

Dorf Towra.[1]

Onton Kalinins Hof			Michajlo Matwejefs Hof.		
Gornej zemli w dwornem pole oplco k gumno koncom s kapustnikom	3	„	Gornej zemli w dwornej peremene polosa gummennaja podle ulicu s kapustnikom	6½	„
Drugoje polosy nižnej	13¼	„	Protiw dwornej polosy	27	„
Za ručjem polce	1½	„	Za ručjem polce s požneju	12½	„
Za ručjem serednjawo pola	11	„	Drugoj polosy podle pustoschi	11¾	„
Opalničnawo ručja poloska	3¼	„	Nižnjawo polca	6¼	„
Lugowoj zemli w ostrowu s golowy pereložek	1	„	Lugowoj zemli wostrowu s golowy pereložek	2	„
W storonu naprotiw dwornej polosy	6½	„	Protiw dwor nej polosy	13	„
Drugoj polosy	7½	„	Drugoj polosy protiw dwornej	15	„
Promojnawo polca	3	„	Wostrowu zaputischčnoe polco	5½	„
Močischčnoj poloski	2	„	Drugaja noloska podle močischča	3½	„
Welikoj požni w ostrowu	21¼	„	Wostrowu Welikuschi požni	14½	„
Putischčnoj poloski	3	„			
Zakrugoličnoj poloski	2¾	„			
W ostrowy podschipičnych dwuch polos	8½	„			
Konecostrowskie poloski	5¼	„			

[1] Jefimenko op. cit. p. 216.

			Putischnoj polosy	6	Sahsen
			Krugoličnoj poloski podle putischča	5½	„
			Po werchnuju storonu Nikolskoj zemli dwuch polos	19	„
			Konecostzowskie poloski	10½	„
Osinowki požni	18¼	Sashen			
Kuligi požni	10½	„			
Oramoj zemli w nawolok nižnjawo pola	6¼	„			
Podjelnoj poloski	8½	„			
Semakonschčiny polce ot Gubinych pola	2½	„	} ausgerissen		
W weliköj ogorode nižnjawo paru dwuch loskutow	13½	„			
Werchnjawo pola s zakrainoj	12½	„			
Von diesem gesamten Bergland und Wiesenland ist bei Onton 2 Werw und 17 Sashen in Tjaglo.			Werchej polosy s zakrainoj	20	„
			Insgesamt hat Michajlo 4 Werw 33½ Saženj Berg- und Wiesenland im Tjaglo.		

Aus diesen zwei Dorfbeschreibungen ersehen wir, daſs das erste Dorf aus zwei gleichen Höfen bestand, das zweite auch aus zwei Höfen, wobei ein Hof ein Drittel, der andere zwei Drittel des Dorfes besaſs. Ferner ersehen wir, daſs wir vor uns eine Dreifelderwirtschaft haben, denn die bizarren Benennungen der einzelnen Streifen und Stücken zerfallen in drei groſse Gruppen: Hoffeld (dwornaja), mittleres Feld (srednjaja), Inselfeld (ostrownaja) und jeder der zwei Höfe besaſs in allen 3 Feldern einen proportionellen Anteil, der aus vielen Streifen bestand.

Die Konsequenzen sind wichtig: von einem Hofbesitzsystem kann kaum die Rede sein, doch ist uns die Besitzform noch nicht klar. Und nun appelliert Frau Jefimenko an die Nowgoroder Urkunden.[1] Aus diesen Urkunden wissen wir, daſs ein Dorf meistens aus einem oder zwei Höfen bestand. Ein Hof bedeutet natürlich eine Familie. Wenn wir irgend eine Beschreibung eines Kirchspiels in den Piscowya-Büchern lesen werden, finden wir dafür eine Bestätigung. Nehmen wir z. B. das Gorodener Kirchspiel der Wager Pjatina, es besteht aus 140 ackerbautreibenden Dörfern, von

---

[1] Jefimenko op. cit. p. 217.

welchen 66 %, einen Hof und 26 % 2 Höfe haben (einige Fischerdörfer, die kein Ackerland haben, schliefsen wir aus). Wir sehen, dafs 92 % der Dörfer aus 1—2 Höfen, also aus 1—2 Familienwirtschaften bestehen. —

Über die Art dieser Familienwirtschaften kann uns folgende Teilungsurkunde Aufklärung geben: „Das bin ich Nasarij der Sohn von Othanasij und ich Jessip, und ich Grigorij und ich Walfromej — Philipps Söhne, und ich Elizar — Theodors Sohn, und ich Wassilij und ich Paul, und ich Iwan — Onkundins Söhne — und ich Omos und ich Onton und ich Iwan — Stephans Söhne, und ich Larion — Stephans Sohn, wir haben das Habe und Gut unserer Väter geteilt, die Pferde, die Kühe, die Schafe, das Getreide und Geld . . . . . Und das Land teilten wir in drei Teile . . . Nazarij und Jessip mit den Brüdern bekommen den Hof am Ende (des Dorfes), Elizar und Onkundins Söhne bekommen den mittleren und Omos mit den Brüdern und Larion bekommen den oberen" [1] u. s. w. u. s. w.

Wir sehen jetzt, dafs wir eine sehr grofse Hauskommunion vor uns haben, eine Hauskommunion, die aus 12 vollberechtigten Brüdern und Onkeln und Neffen besteht, wo weder die Väter noch die Frauen und Kinder genannt sind . . ., kurz wir haben vor uns eine sehr grofse „Zadruga", wie man sie noch in der ersten Mitte dieses Jahrhunderts bei den Südslaven gehabt hat. Die Hauskommunion ist so grofs, dafs, wie man aus dem nicht angeführten Teile der Urkunde ersehen kann, sie in drei Häusern wohnten, aber gemeinsam wirtschafteten, und auch nach der Teilung zerfallen sie nicht etwa in Familien im modernen Sinne des Wortes, sondern in kleinere Hauskommunionen. Frau Jefimenko meint, dafs die Hauskommunion in der Sprache der Dwina'schen Urkunden „Pečischtsche" (Herd) hiefs. Dieses Wort ist bis auf die Gegenwart geblieben, es hat aber den ursprünglichen Sinn verloren, wie auch die Sitte in Hauskommunionen zu leben, verloren gegangen ist. „Pečischtsche" heifst gegenwärtig ein Dorf im modernen Sinne des Wortes, also der gesamte Gemeindebesitz. (Privateigentum an Grund und Boden giebt es gegenwärtig im Gouvernement Archangelsk nicht.)

Der Moment der Auflösung einer solchen Hauskommunion, einer solchen „Pecischtsche" ist der Entstehungsmoment jener Organisation des Grundbesitzes, die wir in den Werwnya-Steuer-Büchern kennen gelernt haben. Die Höfe des Dorfes sind Erben der zerfallenen

---

[1] Rechtsurkunden Nr. 23. Jefimenko p. 218.

Hauskommunionen und desbalb besitzen diese Höfe gleiche oder proportionelle Anteile an einem jeden Streifen Land, sie bekamen diese Anteile nach dem Gewohnheits-Erbrecht, nach dem Grade ihrer Verwandtschaft mit dem ursprünglichen pater familias. Aber mit der Auflösung der Hauskommunion ist das Blutsband nicht aufgelöst: obgleich ein jeder Hof seinen reellen Teil erhalten hat (z. B. ein Stück des Feldes hier, einen Teil der Wiese dort), hat nichtsdestoweniger ein jeder Hof seinen proportionellen ideellen Anteil an dem Ganzen beibehalten. Ein jeder Hof konnte zu jeder Zeit behaupten, dafs sein reeller Anteil seinem ideellen nicht entspreche, und er konnte eine neue Umteilung fordern. Dafs solche Ansprüche gemacht werden konnten und erhört werden mufsten, zeigen uns die Jefimenkoschen Urkunden. Im XVII. Jahrhundert wird in den Teilungsurkunden häufig eine neue ausdrückliche Bedingung gestellt, eine Bedingung mit dem erhaltenen Teile zufrieden zu sein und auf das Umteilungsrecht zu verzichten.

In einem Teilungsbriefe vom Jahre 1689 verpflichten sich die Teilnehmer „mit den überflüssigen Ländern sich nicht auszugleichen zu wollen, sie nicht umzuteilen, eine neue Umteilung voneinander nicht zu fordern", sie nehmen dieses Recht nicht nur sich selber, sondern auch ihren Kindern. Oder in dem Teilungsbriefe vom Jahre 1663 finden wir folgende Bedingung: „Und wenn einem von uns einfallen wird das Land zu teilen, dann müssen wir einander das Land zur Ausgleichung geben, mit Ausnahme jenes Landes, das von der Ausgleichung ausgeschlossen ist" (und früher ist bemerkt, dafs der Borisowsche Gemüsegarten und noch ein Feld niemals geteilt werden darf). [1])

Übrigens wurde sehr selten das ganze Vermögen der Hauskommunion aufgeteilt, Boote, Werkzeuge (z. B. Fischnetze) und besonders häufig Fischereien, Wiesen und Weiden, blieben auch nach der Auflösung der Hauskommune im gemeinsamen Besitz. Die Hofbesitzer hatten das Recht, ihre Höfe, ihre reale Landstücke und ihr ideales Anteilsrecht zu veräufsern. Ihre Rechte auf das Land werden nur beschränkt durch das Vor- und Rückkaufsrecht der Nachbaren.

Ein jeder Hofbesitzer konnte auch einen Teil seines Besitzes verkaufen. So verkauft eine Frau, die Erbin ihres Vaters, „zwei Teile meines Hofes und meiner Gebäude und zwei Teile meines Dorfes, des Ackers und der Wiesen, und zwei Teile aller Nutzungen

---
[1]) Jefimenko op. cit. p. 221.

dieses meines Dorfes, den ich selber besafs, aber den dritten Teil dieses Hofes und den dritten Teil dieses Dorfes, des Ackers und der Wiesen, und ein Drittel der Nutzungen dieses Dorfes habe ich nicht verkauft" (Kaufbrief 1655. Jefimenkosche Sammlung).[1]) So entstand ein Anteilbesitz (ein „Sjabry"-Besitz), nicht nur innerhalb des Dorfes, sondern sogar manchmal innerhalb des einzelnen Hauses und des einzelnen Hofes selbst. Häufiger werden übrigens die ganzen Anteile an Fremde veräufsert. Ein jeder konnte seinen Anteil noch vor der Aufteilung verpfänden oder verkaufen, so wird im Jahre 1699 „der dritte Teil des Dorfes, der mir zukommen wird nach der Teilung" veräufsert, in einem anderen, von Jefimenko angeführten Falle, wird „das Dorflos, das mir zukommen wird nach der Teilung" verkauft.[2])

Auf solche Weise ist durch Veräufserung der Anteile der Blutsverwandten-Verband zu einem Verbande der Nachbarn, der sogenannten „Sjabry" geworden, aber die äufsere Regelung des Zusammenlebens, die Rechtsform ist, wie sie aus der Blutsverwandtschaft entsprungen ist, die alte geblieben. Die Nachbarn übernahmen nicht nur den realen Besitz der früheren Blutsverwandten, sondern auch deren ideellen Rechte. So z. B. auch das Recht der Umteilung, nur hiefs es jetzt „sich den Kaufbriefen gemäfs auszugleichen". Jefimenko befindet sich im Besitze einer sehr interessanten Urkunde aus dem Ende des XVII. Jahrhunderts, die uns erklärt, worin diese „Ausgleichung" bestand.

Zwei Bauern aus Karostrow verklagen zwei andere Bauern, Mitbesitzer desselben Dorfes Nastassino, sie fordern eine „Ausgleichung des Ackers und der Mahd", sie beklagen sich bei den Zaren Johann und Peter Alexejewitsch. Dieser Klage zufolge erhält der örtliche Landrichter einen Befehl, die Ausgleichung „nach den schriftlichen Urkunden" bei den betreffenden Bauern zu bewirken. 4 Jahre später gleichen sich wieder dieselben Bauern mit zwei neuen Mitbesitzern des Dorfes Nastassino nach ihren „schriftlichen Urkunden, nach den Kaufbriefen und den Teilungsurkunden" aus, und nun sehen wir, worin diese Ausgleichung, oder die „Umteilung", wie sie manchmal in der Urkundensprache heifst, besteht. Das Land wird nicht umgeteilt, es wird nur nachgeprüft, ob die reellen Grundstücke den geerbten oder gekauften ideellen Anteilsrechten der betreffenden Be-

---

[1]) Jefimenko op. cit. p. 224.
[2]) Jefimenko op. cit. p. 227.

sitzer entsprechen. Ist es nicht der Fall, so wird von dem Grundstücke desjenigen, der zuviel erhalten hat, der Überschuſs abgeschnitten und dem rechtmäſsigen Besitzer zugewiesen. Es kann also von einer eigentlichen „Umteilung" kaum die Rede sein. So lesen wir in der Jefimenkoschen Urkunde, von der früher die Rede war, „und nach dieser Ausgleichung muſsten sie — Kondrati und Wassili, bei mir Alexej, vom groſsen Felde, von der „Olchowica" fünf Spannen und zwei und ein halb „Werschok" nehmen und vom Katzenfelde und vom Bärenfelde auch fünf Spannen und ein und einen halben „Werschok"..... und mir Alexej ist nach der Ausgleichung zugefallen, bei ihnen, bei Kondrati und Wassili, vom Acker, vom groſsen Felde, von der „Wongowica" aus der Hälfte aus ihrem Anteile, eine Sashen und sechs Arschin, und jenes Land auf der Wongowica habe ich, Alexej, bei Kondrati und seinem Bruder von dem oberen Ende (des Feldes), wo es an mein Land grenzt, genommen."[1]

Jetzt haben wir einen Einblick in das Wesen des nordrussischen Dorfes der Vergangenheit gewonnen. Seine Abstammung leitet er von einer Hauskommunion ab. Die Hofbesitzer sind entweder direkte Erben der Hauskommunion, die miteinander verwandt sind, oder Nachbarn, die von den ursprünglichen Blutsverwandten deren Rechte abgekauft haben. Das Objekt des Erbrechts sind keine reale Landstücke, sondern ideelle Anteile dem wirklichen oder fingierten Verwandtschaftsgrade gemäſs. Diese ideellen Anteile sind Privateigentum der betreffenden Hofbesitzer. Ungeteilt bleiben nur manchmal Weiden, Wiesen, Wälder oder andere Nutzungen .... kurz, von einer Feldgemeinschaft in dem Sinne unserer Definition kann nicht die Rede sein, ebensowenig aber von privatrechtlichem Hofbesitz. Uns liegt ein besonderes Rechtsinstitut vor, das seine Entdeckerin, Frau Jefimenko, mit dem Namen „Anteilbesitz" bezeichnet hat.

2. Die Wolost.

Nun stehen wir aber vor einer anderen Frage!

Was war in Nordruſsland die „Wolost"? Eine ganze Reihe von Gelehrten, und besonders P. A. Ssokolowski,[2] waren der Ansicht,

---

[1] Jefimenko op. cit. p. 228.
[2] P. A. Ssolokowski, „Geschichte der Dorfgemeinde in Nordruſsland." St. Petersburg 1877.
Vergleiche auch Leschkoff, „Das russische Volk und der Staat." Moskau 1858.
Derselbe. „Das Gemeindeleben im alten Ruſsland."

dafs die grofse territoriale Einheit des Nordens, die Wolost, auf die alte Gentilverfassung zurückzuführen sei, und sie schrieben ihr das Wesen und die Merkmale der deutschen Markgenossenschaft zu.

Die Wolost-Gemeinschaft gehört nach Ssokolowski schon den Anfängen der russischen Geschichte an. Ihre Basis war die Gens Früher eine territoriale Einheit der Jäger- und Fischerstämme, verbleibt sie auch dann, als das Volk zum Ackerbau übergegangen war, weil die Grundbesitzverteilung innerhalb der Wolost-Gemeinschaft am nächsten den Idealen des russischen Volkes stehe.[1])

Ein Teil des Wolost-Grundbesitzes befand sich, wie Ssokolowski ferner ausführt, in der Nutzung der einzelnen Dörfer, aus denen die Wolost bestand, das übrige Land war gemeinsamer ungeteilter Besitz der ganzen Wolost. Die Wolost gab den neuen Ansiedlern Land und erteilte diesen verschiedene Vergünstigungen, um den Neuansiedlern die Begründung einer Wirtschaft zu ermöglichen. In dieser Beziehung weicht die Wolost von der deutschen Mark ab, denn die Mark war viel geschlossener in Hinsicht auf Aufnahme neuer Mitglieder.[2]) Eine ganz besondere Energie, führt Ssokoloswki ferner aus, zeigt die Wolost, wo es galt ihren Besitz vor den Übergriffen der Unbefugten zu verteidigen. Hier führte die Wolost als Korporation lange Prozesse in den grofsfürstlichen Gerichten.[3])

Zeitschrift des Ministeriums für Volksaufklärung. 1856. Bd. 91.
Newolin, „Über die Nowgoroder Pjatiny und Pogosty" p. 106.
Keufsler, Bd. I p. 18—19.

[1]) P. A. Ssokolowski op. cit. p. 66: „Die Wolost-Gemeinschaften gehören ihrer Abstammung nach der ältesten Periode der Geschichte des russischen Volkes, und zwar der ersten Kultur des Landes an. Ihre Basis bilden ursprünglich Gentilbande, an deren Stelle später der Vertrag getreten ist."

„Die Kulturstufe, auf der sich das russische Volk zur Zeit der Gentilverfassung befand .... (im Süden Viehzucht, im Norden Jagd und Fischerei) begünstigte im hohen Mafse solche grofsen Gemeinde-Verbände, die die Existenz des Einzelnen sicherten. Die Verbände blieben aber auch dann, als der Ackerbau die wirtschaftliche Hauptquelle geworden war, und als alle Spuren der Gentilverfassung verloren gegangen sind, da die Praxis die Übereinstimmung einer solchen Nutzungsweise des Grund und Bodens mit den Interessen des Einzelnen bestätigt hat. Die Wolost-Gemeinde mufs als Grundbesitztypus, der am meisten den Volksidealen entspricht, anerkannt werden." (p. 67) „Die Volksideale fanden hier ihren Ausdruck und freien Raum für ihre Verwirklichung. Alle Einzelheiten der Nutzungsordnung .... sind einem einheitlichen Plan unterworfen, dessen Basis das Prinzip der gleichen Befriedigung der Bedürfnisse aller Gemeindemitglieder war."

[2]) Ssokolowski op. cit. p. 68—69.
[3]) Ssokolowski op. cit. p. 70.

So meint Ssokolowski. Diese Ansicht scheint uns völlig unhaltbar zu sein. Dafs die altslavische Gentilverfassung eine gröfsere territoriale Einheit hatte, bestreiten wir nicht; es war wahrscheinlich die „Werw", aber die Behauptung, dafs die Wolost dieser alte Gentilverband sei, oder von ihm abstamme, ist völlig aus der Luft gegriffen.

Die Wolost des russischen Nordens war, um mit Milukoff zu sprechen, „in erster Line eine fiskalische Einheit, nachher eine gerichtlich-polizeiliche, eine wirtschaftliche Einheit war sie nur insofern, als es ihre fiskalischen Pflichten forderten, und insofern, als es sich mit den Rechten der einzelnen Mitglieder vertragen konnte".[1]

Im Moskauer Staate, wo fast der gesamte Grund und Boden gutsherrlich war, bedeutet die Wolost nur ein Territorium, dessen Grenzen und dessen Einheit nur in der Zugehörigkeit zu diesem oder jenem Gutsherrn bestand. Selbstredend war diese Einheit eine rein zufällige und äufserliche. Ebensowenig kann die nordrussische Wolost von der Gentilverfassung abgeleitet werden.[2]

Der Thatsache, dafs die Wolost nur administrativ-fiskalische Befugnisse hatte, widersprechen die Urkunden, die Ssokolowski als Belege für seine Theorie auswählt, nicht im mindesten.

So stützt sich Ssokolowski auf Nr. 175 und 187 der „Rechtsurkunden".[3] Nr. 175 der „Rechtsurkunden" ist ein Vertrag, der im Jahre 1604 zwischen einem Bauern und einer Gemeinde geschlossen worden ist, der Bauer bekommt von der Wolost-Gemeinde $^{1}/_{12}$ Obža[4] und wird begünstigt mit zwei „Freijahren". Der Vertrag lautet folgendermafsen: „Das bin ich der Tawrener Hundertmann (sein Name und vier Bauern namentlich angeführt), wir haben uns beraten mit allen Bauern der Tawrener Wolost der Iljiner Parochie und gaben dem Sidor dem Sohne Demids ein brach liegendes Landlos, einen zwölften Teil einer Obža, mit der Begünstigung von zwei Freijahren .... und in diesen zwei Freijahren soll er keine Steuern zahlen,

---

[1] Milukoff, Finanzgeschichtliche Streitfragen des Moskauer Staates p. 27.
[2] Vgl. Jefimenko op. cit. p. 206—211, 238—249.
[3] Ssokolowski, Geschichte der Dorfgemeinde in Nordrufsland p. 68.
[4] Keufsler I p. 29—30: „Die letzte Steuereinheit, in welche das Land eingeschätzt wurde, war die Obža — sie war die ursprüngliche Normalgröfse einer bäuerlichen Wirtschaft, eines bäuerlihen Hofes.... Im Laufe der Zeiten verringerte sich die räumliche Ausdehnung der Höfe, sodafs mehrere Höfe zusammen eine Obža bildeten."

und wenn diese zwei Freijahre vorbei sind, soll Sidor alle Staats- und Gemeindesteuern und Abgaben mit dem Mir zusammen zahlen. Und wir gaben ihm die Jägerwege und die Fangorte und die Pfahlwerke und alle Nutzungen, wohin die Axt, der Haken und die Sense gegangen sind, und mit allem, was diesem Lose seit alters angehört. Und Sidor soll auf jenem Landlose einen Hof bauen und das Feld bestellen und den Obstgarten einzäunen und er soll jenen zwölften Teil der Obža nicht öde liegen lassen. Zur Bestätigung geben wir ihm diese Urkunde."

Diese und ähnliche Urkunden haben die Meinung hervorgerufen, dafs die Wolost, der Verband von Dörfern, nicht nur eine administrative, sondern auch eine wirtschaftliche, eine feldgemeinschaftliche Einheit gewesen war. Wir sahen aber, dafs das nordrussische Dorf mit seinem ausgeprägten eigentümlichen Erbrecht jede Feldgemeinschaft und jedes Eingreifen der Wolost ausschliefst, und die angeführte Urkunde beweist nichts dagegen. Die Wolost ist durch solidarische Haftbarkeit gebunden, der Steuerdruck ist grofs, dieses Steuerdruckes wegen liegt ein zwölftel Obža des Semenowschen Dorfes verlassen, und da die Wolost für das verlassene Land auch Steuern entrichten mufs, so ist es in ihrem Interesse irgend einen zu finden, der den Landteil bebauen und Steuern tragen will. Die Wolost gewährt ihm sogar eine Vergünstigung, nämlich zwei Freijahre, damit er nur später die Steuern und Lasten tragen soll. Nahm aber einer den verlassenen Landanteil an, so befand sich dieser in seinem Privatbesitze im früher geschilderten Sinne. Eine Bestätigung dafür finden wir in der weiteren Geschichte des erwähnten Obžateiles des Semenowschen Dorfes. Sidor Demids Sohn nämlich übergiebt schon nach drei Monaten sein Landstück einem anderen Bauern und Keufsler scheint sehr verwundert zu sein, dafs „eine besondere Genehmigung der Gemeinde zur Cession des Vertrages nicht erwähnt wird".[1]

Gerade so verhält es sich mit den Fällen, wo die Wolost die Interessen der einzelnen manchmal vor den Staatsgerichten vertritt, es sind ihre fiskalischen Interessen und die solidarische Haftbarkeit, die die Wolost dazu zwingen, denn wenn ein Bojahrensohn oder Kloster, oder sonst irgend einer, der zum bäuerlichen Steuerbezirk, zur Wolost nicht angehören kann,[2] das Land einem Bauern wegnimmt, so leidet darunter die durch die solidarische Haftbarkeit ge-

---

[1] Keufsler I p. 35.
[2] Ssokolowski op. cit. p. 70. Die „Rechtsurkunden" Nr. 4, 10 und 9. Vgl. auch Keufsler I p. 25 Anmerkung.

bundene Wolost, die auch für das weggenommene Land Steuern zu entrichten gezwungen ist. Ssokolowski annuliert die Beweisfähigkeit seiner Urkunden, indem er zugiebt, dafs „bei der Existenz eines Steuersystems, das das bebaute Land trifft und auf solidarischer Haftbarkeit beruht, die Gemeinden einer jeden gewaltsamen Aneignung ihrer Äcker und ihrer Wiesen mit aller zu Gebote stehenden Mittel widerstreben müfsten, da im entgegengesetzten Falle die Steuerlast, die auf dem übrigen Lande ruhte, sich erhöhen müfste.[1]) Diese Bemerkung ist richtig, aber nur zum Teil. Wenn ein Bauer sich das Land des anderen Bauern gewaltsam aneignete, fiel es der Wolost niemals ein, bei den höheren Gerichten den Kläger zu vertreten, da ihre fiskalischen Interessen gesichert waren. Ob der Bauer mit Recht oder Unrecht das Land besitzt, war der Wolost gleichgültig, wenn er nur steuerpflichtig war. Dagegen mufste sie Einspruch erheben, wenn ein Nichtbauer, also einer, der mit dem Mir zusammen keine Steuern zahlen wird, sich das Land aneignete.

Und so wollen wir zum Schlufs unserer Auseinandersetzung des Wesens der nordrussischen Wolost Milukoffs Charakterisierung der Wolost hervorheben: „in erster Linie eine fiskalische Einheit, darauf eine gerichtlich-polizeiliche und eine wirtschaftliche Einheit nur insofern, als es ihre fiskalischen Aufgaben forderten und es sich mit den Rechten der einzelnen Mitglieder vereinigen liefs" — das war die Wolost.[2])

3. Die Ausbildung des Privateigentums an Grund und Boden.

Schon im XVII. Jahrhundert fing die nordrussische Organisation des Dorfes mit seinem Anteilbesitz an sich zu zersetzen. Am Anfang des XVII. Jahrhunderts aber finden wir die Anteilbesitzorganisation in seiner ursprünglichen Reinheit erhalten. So z. B. das früher angeführte Werwny-Steuerbuch der Panilowschen Wolost vom Jahre 1612. Die Panilowsche Wolost bestand diesem Steuerbuche gemäfs aus 7 Dörfern: Ein Dorf hat 2 Höfe: auf einen Hof fiel ein Drittel des Dorfterritoriums, auf dem anderen zwei Drittel, das zweite Dorf hat zwei Höfe: auf einen jeden Hof fiel eine Hälfte des Dorfes; das dritte Dorf hat vier Höfe, auf jeden Hof fiel ein Viertel des Dorfes; das vierte Dorf hatte zwei Höfe: auf einen Hof fiel Dreiviertel, auf den anderen ein Viertel; das fünfte Dorf hatte vier Höfe; von denen

---

[1]) Ssokolowski, Geschichte der Dorfgemeinde etc. p. 71.
[2]) Milukoff, Finanzgeschichtliche Streitfragen p. 27.

zwei Höfe je ein Drittel des Dorfes und zwei Höfe je ein Sechstel des Dorfes einnahmen. Das sechste Dorf hat drei Höfe: einer nahm die Hälfte, und zwei je ein Viertel des Dorfes ein. Die Verteilung der einzelnen Landstücke, die Anteile der Nachbarn in einem jeden Felde sind nach diesem Steuerbuche auch noch vollständig regelmäfsig und proportionell. Man sieht, dafs von dem Rechte der Ausgleichung der Anteile (nach der Abstammung oder nach den Kaufbriefen) noch reicher Gebrauch gemacht worden ist.

Ebenso verhält es sich in anderen Gegenden Nordrufslands, so beschreibt uns das Werwny-Steuerbuch den Spafsschen Bezirk im Jahre 1651 folgendermafsen:

Im Bezirke befinden sich 17 steuerpflichtige Dörfer:

    8 Dörfer mit je 1 Hof
    5   „   „ „ 2 Höfen
    1   „   „ „ 3   „
    3   „   „ „ 4   „

In den Dörfern mit mehr als einem Hofe, also in 9 Dörfern, ist der Anteilbesitz die Grundeigentumsform, in 6 Dörfern sind die Anteile gleich, in einem Dorfe ist das Verhältnis 2:1, in einem anderen dagegen wie 3:1 und in einem wie 2:1:1.[1]

Die Verhältnisse liegen also im Spafsschen Bezirk äufserlich ebenso wie in der Panilowschen Wolost, wenn aber die Sache genauer geprüft wird, stellen sich die Keime der Auflösung der alten Ordnung genau heraus, obgleich nur ein 40jähriger Zwischenraum die beiden Beschreibungen der zwei Werwny-Bücher trennt.

In den Teilungs- und Kaufbriefen wird eine Bedingung, die früher nur Ausnahme war, häufiger: nämlich „sich nicht umzuteilen, sich nicht auszugleichen, eine neue Teilung nicht zu fordern".[2] Diese immer häufiger werdende Bedingung ist ein Übergangsschritt zum Privateigentum, die Anteile verlieren dadurch ihren reellen Charakter, sie sind nicht mehr ideelle Anteile an dem ganzen Dorfe, die Anteile sind von nun an konkrete Landanteile, die bei dem herrschenden Veräufserungsrecht die alte Proportionalität mehr und mehr verlieren; so z. B. umfafst ein Dorf 380 Werw-Sażen und gehört zweien Nachbarn in der Proportion von 3:1, aber die konkreten Anteile zeigen manche Abweichungen, so besitzt der, dem ein Drittel des Dorfes gehört, nicht 95 Sażen, wie es seinem Anteile entspricht, sondern 80. Man sieht, dafs die Wohlhabenderen ihre Anteile, nach-

---

[1] Jefimenko op. cit. p. 298—299.
[2] Jefimenko op. cit. p. 299.

dem sie keine Umteilung mehr befürchten, auf Kosten der minder Wohlhabenden durch Kauf zu arrondieren suchen. Freilich ist das aufkommende Privateigentum nur in seiner ersten Entwicklungsperiode, und die Charakterzüge des alten nordrussischen Dorfes mit seinem Anteilbesitzsystem sind vollständig erhalten. Aber die Auflösungstendenz ist vorhanden und die von Frau Jefimenko glücklicherweise aufgefundenen Steuerbücher desselben Spafsschen Bezirks vom Jahre 1710 zeigen uns die fernere Entwicklung. Dieselben 17 Dörfer sind vor uns, aber statt 34 Höfe (im Jahre 1651) hat der Bezirk 79 Höfe, die Zahl der Höfe hat sich also um 56% vergröfsert, das Areal nahm dagegen nur 3% zu, statt 4,687 Werw-Sažen (im Jahre 1651), 4,862 (im Jahre 1710). Dörfer mit einem Hofe gibt es nicht mehr, mit zwei Höfen gibt es nur nur zwei; der herrschende Dorftypus ist ein Dorf mit vier Höfen. Es giebt auch Dörfer mit sieben, mit neun, ja sogar mit fünfzehn Höfen.[1]) Der alte Anteilbesitz wäre schon durch die endlose Zerstückelung des Grund und Bodens technisch unmöglich geworden. Nehmen wir ein Beispiel. Das Dorf Sofuschkino hat nach dem Werwny-Buche des Jahres 1651 644 Werwsashen. Dieses Land ist unter vier Höfe verteilt, und zwar hat ein Hof 170 Sashen, der zweite 148 Sashen, der dritte 149 Sashen, der vierte 177 Sashen. Aus der Proportion der einzelnen Landstücke kann man ersehen, dafs ursprünglich jeder der Nachbarn im Besitze eines Viertels des Dorfes war, durch Aufhebung des Ausgleichungsrechtes und durch Kauf und Verkauf sind diese kleinen Abweichungen von der ursprünglichen Anteilsgröfse $\frac{644}{4} = 161$ Sashen entstanden. Ein ganz anderes Bild stellt dasselbe Dorf Sofuschkino nach dem Werwny-Buch vom Jahre 1710 dar. Das Dorf hat nun 779 Sashen, aber statt vier Höfen hat es 15. Das Land ist folgendermafsen verteilt:

1. Hof = 25 Sažen; 2. = 26 Sažen; 3. = 44 Sažen;
4. „ = 90 „ ; 5. = 52 „ ; 6. = 35 „ ;
7. „ = 219 „ ; 8. = 41 „ ; 9. = 25 „ ;
10. „ = 24 „ ; 11. = 34 „ ; 12. = 48 „ ;
13. „ = 44 „ ; 14. = 77 „ (eine Ziffer ist herausgerissen).

Das Maximum eines Hofbesitzes beträgt 219 Werw-Sashen, das Minimum — 24, also mehr als 9 mal weniger![2])

Von der Betrachtung der Hauskommunion gingen wir aus und verfolgten deren Entwicklung bis wir zuletzt auf volles und unbe-

---
[1]) Jefimenko op. cit. p. 300.
[2]) Jefimenko op. cit. p. 303—304.

schränktes Privateigentum an Grund und Boden gelangten. Die Zersetzung des Anteilbesitzrechtes fing im XVII. Jahrhundert an, dessen volle Auflösung vollzog sich erst im Laufe des XVIII. Jahrhunderts. Das Anteilbesitzrecht unterlag der Bevölkerungszunahme. Die freie Teilbarkeit des Grund und Bodens mufste zu Zwergwirtschaften führen, zu Wirtschaften, die sich nicht halten konnten. Die immer wachsende Zersplitterung des Grund und Bodens führte zur Abschaffung des Ausgleichungsrechtes, erst mit Abschaffung dieses Rechtes war die Arrondierung und Konzentration der Grundstücke ermöglicht.

4. Die Entstehung der Feldgemeinschaft im Norden.

Wir verfolgten die Entwicklung des nordrussischen Grundbesitzes und langten an dem Privateigentum an. Wie aber kam der russische Norden zum Gemeindebesitz? Denn gegenwärtig ist die Feldgemeinschaft die einzige Besitzform Nordrufslands, und im ganzen Gouvernement Archangelsk ist keine Spur von Privateigentum an Grund und Boden aufzufinden. Wir müssen deshalb die weiteren Schicksale des Nordens verfolgen.

Wir sagten schon früher, dafs der Moskauer Staat durch seine Eroberung den ganzen Grund und Boden als Eigentum des Grofsfürsten erklärt hat. Die Bojaren und sonstigen Grofsgrundbesitzer fühlten diese Neuerung sehr gut, denn sie wurden vertrieben, die Erbgüter gingen ihnen also verloren. Anders ging es aber mit dem kleinen Grundbesitzer, mit den Bauern. Er hat nichts dabei verloren, er war nach wie vor Herr seines Besitztums, nur hiefs es in den Urkunden von nun an „des Grofsfürsten Grundstück und mein und meines Vaters Arbeitsbesitz." Sie konnten ihr Land verpfänden, verschenken oder verkaufen etc., kurz, das Eigentumsrecht des Grofsfürsten war ein rein nominelles, dieses Recht drückte die Bauern nicht, destomehr aber die Steuern.

Dieser Steuerdruck wirkte manchmal so, dafs der Grundbesitzer froh war, sein Grundstück los zu werden; wenn er einen Käufer oder sonst einen, der Grundstücke zu übernehmen willig wäre, nicht finden konnte, dann verliefs er seinen Besitz und suchte anderswo sein Glück. Für das verlassene Feld aber mufste der Mir, die Gesamtheit, die Wolost, Steuern entrichten und so betrachtete sie sich notwendigerweise als Herrn der verlassenen Grundstücke. Um die

Steuern decken zu können, suchten sie auf das verlassene Feld einen neuen Bauern zu locken, manchmal sogar durch grofse Begünstigungen, durch ein, zwei, oder mehrere steuerfreie Jahre. So war es bis zur Mitte des XVII. Jahrhunderts. Bald aber verliert der Mir das Recht auf den verlassenen Hof; dieses Recht nimmt der Staat selber für sich in Anspruch, und jedermann kann dieses Grundstück vom Staate pachten, oder vom Staate als steuerpflichtiger Besitzer desselben anerkannt werden.¹)

Unterdessen entsteht langsam das neue Rufsland mit seinem Peter dem Grofsen und mit seinen wachsenden Ansprüchen an die Kräfte des Einzelnen. Im Jahre 1719 wird in Nordrufsland die Volkszählung durchgeführt, die sogenannte „Revision", im Jahre 1722 wird die Kopfsteuer eingeführt. Nicht der Grund und Boden, sondern ein jeder Bauer, ohne Unterschied des Alters mufste jetzt die Steuern tragen. Aber um die aufgebürdete Last tragen zu können, mufsten die Bauern Land haben, und dies hatten nicht alle, und die meisten nicht im genügenden Mafse. Von nun an ist deshalb der Staat als oberster Grundherr bestrebt, eine gleichmäfsige Verteilung des Grundbesitzes zu bewirken.

Den Ausdruck findet diese notwendige Tendenz in den berühmten Instruktionen der Jahre 1759 und 1766 und im Manifest vom Jahre 1765. Der Inhalt dieser „Instruktionen" ist ungefähr folgender: Das steuerpflichtige Bauernland, das den Kirchen und Klöstern geschenkt oder das von Beamten (als Privatpersonen) gekauft worden ist, soll auch ohne Vergütung wieder von Bauern eingenommen, und als steuerpflichtiges Bauernland gerechnet werden können.

Die von den Bauern neugerodeten Ländereien, die von denselben, „als ob es deren Eigentum wäre," an Leute eines anderen Standes verpfändet oder verkauft wurden, sollen den Besitzern weggenommen und zu den Staatsdomänen gerechnet werden. Wenn Dorfanteile von den Staatsbauern an Städter verpfändet oder verkauft worden sind, so hat der Vertrag Gültigkeit nur dann, wenn er durch eine besondere Verleihungsurkunde sanktioniert worden ist.

Den Kaufleuten und den Bauern wird vom Tage der Veröffentlichung der Instruktion an verboten, ihre Liegenschaften an Fremde oder unter einander zu verpfänden und zu verkaufen.

Wenn irgend ein Staatsbauer keine Söhne hat, sondern Töchter, und diese Bauern heiraten, die sich bereit erklären

---
¹) Jefimenko op. cit. p. 318.

das Land des Verstorbenen zu übernehmen, dann sollen die Töchter die Erbschaft ihrer Väter bekommen, das Land aber der Männer dieser Erbinnen soll von nun an von den Dörfern genutzt werden, zu welchen die Bauern früher gehörten.[1]

Die freie Verfügung über ihren Grund und Boden wird also den Bauern genommen. Das nominelle Eigentumsrecht sucht der Staat durch diese Instruktionen zu verwirklichen.

Diese Dekrete hatten aber anfangs einen geringen Einfluß auf das Leben des Nordens, sie riefen nur eine gewisse Panik in der Bevölkerung hervor. Bald aber findet die neue agrarpolitische Richtung eine feste Stütze und einen Verfechter in den landlosen und ärmeren Bauerschichten, deren Interessen jetzt mit den momentanen Interessen des Staates vollständig solidarisch sind. Der landlose Bauer fordert Land, um die Kopfsteuern zahlen zu können, die Regierung sieht ein, daß der Bauer ohne Land keine Steuern entrichten kann und von nun an ist die Regierung mit allen ihr zu Gebote stehenden Mitteln bemüht, den Besitzlosen Landanteile zu verschaffen und so deren Leistungsfähigkeit zu heben. Frau Jefimenko hat dafür sehr interessante Beläge aus der Thätigkeit der nordrussischen Administratoren gebracht. So schreibt z. B. im Jahre 1786 der Landesökonomiedirektor zu Archangelsk an den Ältesten und an die Bauern der Nikolaewo-Matigorschen Wolost: .... „die Gerechtigkeit fordert, daß die Bauern, da sie eine gleiche Steuerlast tragen, einen gleichen Anteil an den ländlichen Nutzungen haben sollen, und es ist als eine unvermeidliche Notwendigkeit anzusehen, die Landanteile auszugleichen, besonders in den Gegenden, wo die Bauern nur auf Landwirtschaft angewiesen sind, um einerseits den Bauern dadurch zu ermöglichen, ohne Rückstände ihre Steuern zu entrichten, andrerseits aber um die Bauern mit geringerem Grundbesitz zu beruhigen." [2]

Einer anderen Urkunde gemäß verfügt derselbe Direktor, daß in allen Wolosten und Gemeinden, die seinem Bezirke angehörten, „das gesamte Land durch eine gerechte Umteilung ausgeglichen werden soll, und wo Mangel an Land vorliegt, dort soll der Mir gemeinsam neues Land roden". — Diese Verfügung hat eine allgemeine Verwirrung hervorgerufen. Die Bauern klagten bei allen höheren Behörden, daß ihnen ihr mühselig erworbenes Eigentum weggenommen werde, Ländereien,

---

[1] Jefimenko op. cit. p. 328—329; vgl. auch Nevolins Werke Bd. IV p. 310—312.

[2] Jefimenko op. cit. p. 333.

die sie selber gerodet, oder für bares Geld gekauft haben, werden unter andere verteilt etc. Die Regieruug konnte sich über diese Proteste nicht hinwegsetzen, und so mufste sie sich in Widersprüche verwickeln. Einerseits stellte die Regierung das Prinzip auf, dafs die Bauern eine gleiche Steuer zahlend, auch gleiche Landstücke haben sollen, andrerseits aber mufste sie den Bauern das Recht, wie auf neugerodetes Land, so auf das Land, das er gekauft oder geerbt hat einräumen, wenn er sein Recht nur durch die nötigen Urkunden, Kaufbriefe etc. beweisen kann. Und so sind die Regierungspläne scheinbar gescheitert. Ihr Plan, eine jede steuerzahlende Seele mit der nötigen „Proportion", d. h. mit 15 Dessätinen Land zu versehen, konnte die Regierung vorläufig nicht durchführen.

Der Prozefs der Differenzierung der Bauernmasse und der Expropriation der ökonomisch-schwächeren nahm unterdessen in immer schnellerem Tempo zu. So z. B. in der früher genannten Nikolaewo-Matigorschen Wolost finden wir, einem Berichte vom Jahre 1784 gemäfs, 56 Seelen, die mehr Land haben, als die „Proportion" bestimmt (mehr als 15 Dessätinen pro Seele), 375 Seelen haben weniger Land, als das Gesetz für nötig erachtet, und 16 Seelen haben überhaupt gar kein Land. Auch unter den Besitzenden war der Unterschied sehr grofs, einer hatte 15 und mehr mal soviel Land als der andere, die Majorität waren die Armen . . . Und die Armen wufsten jetzt sehr gut, dafs die Regierung auf ihrer Seite ist. Die Gährung war grofs. Die Regierung hat sich in einen Widerspruch verwickelt, sie hatte einerseits das alte Recht mit seinen Kaufbriefen und Urkunden, andrerseits die Kopfsteuer mit dem neuen, zum Teil schon direkt ausgesprochenen, zum Teil noch schüchtern angedeuteten Rechte anerkannt. Diesen Widerspruch mufste das Volk selber lösen. Die Majorität war für das neue Recht. Ganz neue Rechtsvorstellungen bildeten sich in der Übergangsperiode aus. So z. B. verpfändet im Jahre 1784 ein Bauer einem anderen Bauer sein Feld auf 2 Jahre. Als der betreffende die Schuld bezahlen, und sein Feld zurücknehmen wollte, will der andere Bauer das Feld ihm nicht zurückgeben mit der Motivierung, dafs er in seiner Familie 5 Seelen, und trotzdem nicht mehr Land habe, als der alleinstehende Bauer, der ihm sein Feld verpfändet hatte. Ein anderer Fall. Ein Bauer A. verpfändet dem Bauer B. sein Feld. Nach 8 Jahren nimmt A. dem B. das Feld ab, ohne die Schuld zu bezahlen: B. fordert nicht die Zurückzahlung der Schuld, sondern er fordert bei dem Gerichte, dafs

A. ihm das Feld zurückgeben solle, weil A. viel Land habe und B. weniger.[1])

Aber ein Teil der Bevölkerung hatte doch nicht das nötige Land, um die auferlegten Lasten tragen zu können, und so sah sich die Regierung gezwungen, ihre Staatsdomänen und das freie Land unter die Bauern so zu verteilen, dafs eine jede Seele männlichen Geschlechts unbedingt ihre 15 Dessätinen haben sollte.[2]) Nach dieser Verteilung der Staatsdomänen unter den Bauern, bestand das Grundstück des Bauern aus zwei Teilen: aus seinem Erbgute und aus einem ergänzenden Landanteil. Jetzt fühlten schon die Bauern, dafs die generelle Umteilung nicht fern sei, aber nichts destoweniger hielten sie an ihren Erbgütern fest und die mehrfachen Ermahnungen der örtlichen Administration, das gesamte Land nach der Zahl der Seelen umzuteilen, blieben ohne Resultat.

Ende des Jahres 1829 wurde der Erlafs des Finanzministers veröffentlicht, wonach ein jedes Dorf den lastenden Steuern gemäfs das Land unter den Nachbarn umteilen und verteilen soll. Die örtliche proviuziale Behörde von Archangelsk forderte in ihrem Zirkular vom 6. März 1830 eine schleunige gleichmäfsige Landumteilung. Jetzt konnten die Bauern nicht mehr der Umteilung entgehen. Und wirklich in den Jahren 1830—31 wurde ein Dorf nach dem anderen umgeteilt trotz des heftigen Protestes und Widerstandes der reichen Bauern.

So entstand die Feldgemeinschaft in Nordrufsland. Was man im grauen Altertume suchte, entstand in der Wirklichkeit in den 30er Jahren unseres Jahrhunderts, was man aus der Gentilverfassung ableitete, wurde am grünen Tische von den Ministern beraten, beschlossen und befohlen. Und was die Deklamationen über den russischen „Volksgeist" anbetrifft, über den „Volksgeist", von dem noch jetzt manchmal geredet wird ... nun das ist Poesie, in der Wirklichkeit aber ist die Feldgemeinschaft das Produkt nicht eines, sondern mehrerer „Geister", denn der reiche Bauer, der sein Hab und Gut sogar gegen die Befehle der Regierung mit Gewalt zu verteidigen suchte, dieser hatte einen ganz anderen „Geist" als der nichtbesitzende Bauer, und die russische Regierung hatte wieder einen ganz anderen Geist, sie suchte die vorhandenen

---

[1]) Jefimenko l. c. p. 336.
[2]) Erlafs an das Cholmogorsche Landesgericht vom Jahre 1801. Jefimenko l. c. p. 343.

Produktivkräfte so zu organisieren, daſs sie den fiskalischen Ansprüchen am besten entsprechen könnten.

Und nun zum Schluſs charakterisieren wir noch einmal die verschiedenen Entwicklungsphasen des Grundbesitzes in Nordruſsland. Die erste Phase, die wir kennen gelernt haben, war die Hauskommunion, eine Institution, die hier und da gegenwärtig noch in Ruſsland zu finden ist,[1]) und die bis vor kurzem in den südslavischen Ländern die Regel war, und unter dem Namen Zadruga auch in der Wissenschaft wohl bekannt ist.[2]) Diese Hausgemeinschaft ist ein Verband von Verwandten meistens in zweiter und dritter Generation, die in demselben Hofe wohnen, gemeinsam ihr Eigentum besitzen und gemeinsam sich Verordnungen des Hausvaters, des Ältesten, oder desjenigen, der dieses Amt verrichtet, fügen. Die Durchschnittszahl der Mitglieder einer solchen Hauskommunion schwankt von 15—25.[3])

Die zweite Entwicklungsphase ist die von Frau Jefimenko entdeckte Anteilbesitzorganisation. Dieser Anteilbesitz entsteht unmittelbar aus der aufgelösten Hauskommunion. Die frühere Einheit zerfiel in Einzelhöfen, ein jeder Hof hat seinen entsprechenden ideellen Anteil an dem ganzen Dorfe, der sich in konkreten, reellen Anteilen an den verschiedenen Feldern ausdrückt. Ein jeder Hof hat aber das Recht, eine „Ausgleichung" zu fordern, d. h. er hat das Recht, technisch zu prüfen, ob sein Grundstück seinem ideellen Anteilsrechte

---

[1]) So z. B. berichtete M. Milewitsch (in der Zeitschrift „Ruſskaja Besseda" 1858 Bd. III) von einer Hauskommunion. die aus 40 Mitgliedern bestanden hat, die befand sich in dem Elnin'schen Kreise des Gouvernement Smolensk. Krasnoperow berichtete im Jahre 1882 von einer Hauskommunion, die aus 99 Familien mitgliedern bestanden hat („Vaterländische Analen" 1882. Krasnoperoff's Aufsatz „Antoschkas Gemeinde").

[2]) Über die Hauskommunion in den südslavischen Ländern vergl. O. Utješenović. Die Hauskommunion der Südslaven, Wien 1859.

Kraus. Fr. S., Sitte und Brauch der Südslaven, Wien 1885.

Rajacsich; Leben, Sitten und Gebräuche der Südslaven, Wien 1873.

[3]) „Vielfach übertrieben erwiesen sich die Angaben älterer und neuerer Schriftsteller über die Zahl der Mitglieder einer Hausgemeinschaft. Man fabelt von 100, 200 selbst 300 Seelen. In Wahrheit läſst sich im ganzen Süden im Laufe dieses Jahrhunderts kaum eine Hausgemeinschaft von 70 Mitgliedern nachweisen. . . . . Wenn eine Hausgemeinschaft 50 Seelen zählt, so gilt dies weit und breit im Lande als eine Merkwürdigkeit. So lebten z. B. im Jahre 1867 im Dorfe Grižica im pleme der Vasojević im Hause eines gewissen Asenya Vukajlov 65 Seelen. Solche groſse Hausgemeinschaften bestanden vereinzelt noch vor 20 Jahren auch in Kroatien, Slavonien und Serbien. Über die Bulgaren liegen keine zuverlässigen Berichte vor. Die Durchschnittszahl schwankt zwischen 15—25 Personen." Kraus. Sitte und Brauch der Südslaven. Wien 1885 p. 75.

entspricht. Das ideelle Anteilsrecht wird durch den Verwandtschaftsgrad mit dem vermutlichen und wirklichen Okkupator bestimmt.¹)

Die dritte Phase ist die des Privateigentums an Grund und Boden. Der Anteilsbesitz ist nur als Übergangsform aufzufassen, da es das wesentlichste Merkmal des Privateigentums, das Veräufserungsrecht, in sich einschlofs.

Die vierte Phase, die Phase, in der sich der nordrussische Grundbesitz noch gegenwärtig befindet, ist die der Feldgemeinschaft. Sie ist ein Produkt der Agrarpolitik des russischen Staates.

Der Anteilsbesitz in Klein- und Grossrussland.

5. Der Anteilbesitz in Kleinrufsland.

Bevor wir die Entwicklungsgeschichte der bäuerlichen Grundbesitzverhältnisse im Moskauer Staate untersuchen, müssen wir uns eine scheinbar unhistorische Abschweifung erlauben, und uns bald mit der Geschichte des kleinrussischen Grundbesitzes, bald mit manchen Erscheinungen der gegenwärtigen russischen Grundbesitzverhältnisse befassen. Wir thun es, weil die neueren statistischen Untersuchungen über die gegenwärtigen Grundbesitzformen der russischen Bauernschaft und die Forschungen des Professors Lutschitzki über „die Geschichte des kleinrussischen Grundbesitzes" uns zur Annahme zwingen, dafs der „Anteilbesitz", den Frau Jefimenko entdeckt hat, nicht etwas lokalnordrussisches, sondern ein allgemeines Entwicklungsstadium des bäuerlichen Grundbesitzes in Rufsland sei.

Da unsere Aufgabe nicht die Schilderung der verschiedenen

---

¹) Vergl. Kraus, op. cit. p. 120.

„Die grofse Hausgemeinschaft unterscheidet sich von der engeren Familie wesentlich dadurch, dafs ihre Mitglieder, nicht wie in der engeren Familie im ersten, sondern im zweiten, dritten, fünften, oder gar noch im weiteren Grade einander blutsverwandt sind. Bei der Teilung einer Hausgemeinschaft wird die Fiktion aufrecht erhalten, als lebten die Söhne des Mannes, der das Heimwesen ursprünglich gegründet, demnach wird die Teilung nach Gliedern (in stirpites) oder Zweiglinien und nicht nach der Anzahl der Köpfe (in capita), selbstverständlich sind damit die männlichen Mitglieder gemeint, regelrecht vorgenommen."

Grundbesitzformen, sondern die der Entwicklung der mordernen russischen Feldgemeinschaft mit ihren periodischen Umteilungen ist, so wollen wir bei der Beschreibung des erhaltenen Anteilbesitzes der Gegenwart, sowie der entdeckten Spuren des Anteilbesitzes der Vergangenheit, uns möglichst kurz fassen.

Ebenso wie in Grofsrufsland die Feldgemeinschaft als eine uralte national-eigentümliche Institution betrachtet ward, wurde der individuelle Grundbesitz Kleinrufslands auch als etwas nationaleigentümliches angesehen und der Kleinrusse galt somit in der russischen Litteratur als ein Typus des extremen Individualismus. Um so interessanter und lehrreicher sind für uns die Forschungen des Professors Lutschitzki, der in Kleinrufsland uns dieselben Grundbesitzformen zeigt, die wir in Nordrufsland kennen gelernt haben.[1]

In der Mitte des XVIII. Jahrhunderts finden wir in Kleinrufsland noch jene Hauskommunionen, die in Nordrufsland dem Anteilbesitz-System vorangingen. „In den Teilen der Rumjanzowschen Beschreibung",[2] sagt Lutschitzki „die ich in den Händen gehabt habe ist es durchaus keine Seltenheit, solche Familiengemeinschaften anzutreffen. Es giebt nicht selten Höfe, in welchen wir 3, 4, 5, 6, 7 und mehr Familien zählen, die nicht nur aus leiblichen Brüdern, sondern auch aus Vettern, Neffen, Onkeln, Tanten, Schwiegersöhnen, Schwägern u. s. w. bestehen.[3]

Je weiter man in die Vergangenheit zurückgeht, desto häufiger

---

[1] J. Lutschitzki, Materialien zur Geschichte des Grundbesitzes im Gouv. Poltawa im XVIII. Jahrhundert. Lieferung I. Kiew 1883.

Derselbe, Sammlung der Materialien zur Geschichte der Gemeinde und der Gemeindeländereien in der Ukrajna im XVIII. Jahrhundert, Kiew 1884.

Derselbe, Etudes sur la propriété communale dans la Petite-Russie"; in der Revue internationale de Sociologie. Juin 1895. Eine deutsche Übersetzung dieses Aufsatzes ist erschienen in Schmoller's Jahrbuch Bd. XX, 1896 „Zur Geschichte der Grundeigentumsformen in Kleinrufsland."

[2] Die Rumjanzowsche Beschreibung ist die vom ersten Generalgouverneur Kleinrufslands, Graf Rumjanzow, im Jahre 1765 verordnete und in den Jahren 1766—1768 durchgeführte ausführliche statistische Beschreibung dieses Landes. Die Beschreibung enthält die Zahl der Bevölkerung mit Angabe der gewerblichen Beschäftigung, aufserdem enthält sie die genauesten Angaben über den Grundbesitz, wobei die Bestandteile desselben, wie Hofland, Acker, Wiese, Wald und Weide genau geschildert und geschieden sind. Dieses Material ist leider durch die zwei Brände, von dem in Jekaterinoslaw im Jahre 1863 und dem in Poltawa im Jahre 1878, zum gröfsten Teil vernichtet worden.

[3] Lutschitzki, Zur Geschichte der Grundeigenthumformen in Kleinrufsland. Jahrbuch für Gesetzgebung, Verwaltung und Volkswirtschaft 1896, Bd. XX p. 473.

und allgemeiner werden diese Familiengemeinschaften. Diese wirtschaften noch gemeinsam, oder wenn sie schon in Einzelwirtschaften zerfallen sind, so bleibt der Grundbesitz ungeteilt und ein jeder Hof hat an dem gemeinsamen, ungeteilten Besitze seinen bestimmten Anteil.[1]) Diese getrennten Höfe mit gemeinsamen Grundbesitz heifsen „Sjabry", eine Benennung, die, wie wir uns wohl erinnern, die Anteilbesitzer des nordrussischen Dorfes auch führten. Dieser Sjabry-Verband, der ursprünglich auf Blutsverwandtschaft beruhte, besteht auch dann fort, wo an die Stelle der gemeinsamen Landnutzung, die gesonderte getreten ist.[2]) Diese gesonderten Anteile sind aber nicht konkret, sondern ideel, wie in dem Anteilbesitzsystem des nordrussischen Dorfes. So heifst es in einem Kaufbriefe vom Jahre 1782: „Wir verkaufen ebenfalls die Erbländereien, die uns zugefallen sind; die uns zukommenden Teile von denselben zu benennen und die Grenzen derselben zu bezeichnen, ist mangels einer richtigen Teilung unserer Sjabry unmöglich."[3]) Und diese ideele Bedeutung der Anteile tritt in einem jeden Verkaufsbriefe zu Tage, überall heifst es in den Urkunden: „ich trete mein Erbrecht ab u. s. w." Einem Kaufbriefe vom Jahre 1781 gemäfs, erklärt ein Kosak, dafs er „die von seinen Vorfahren Kraft der polnischen Privilegien geerbten Ländereien verkaufe ...., von allen drei Wechselfeldern das Ackerfeld, dessen Grenzen zu bestimmen unmöglich ist, auch von den Wäldern, Seen, Quellen und von allen Heuschlägen und von der Wiese, den mir vom ganzen Besitz der Kosaken Jewtuchow zufallenden dritten Teil."[4])

Aber hier ebenso wie in Nordrufsland war die Verkaufsfreiheit beschränkt; nicht nur beim Verkauf an Fremde, sondern auch bei dem an die Sjabry war bei einem jeden Verkauf die Zustimmung aller Nachbarn, aller Sjabry erforderlich. Alle Kaufbriefe fangen mit den Worten „in der Gegenwart der Sjabry" an. Ein Verkauf, der in Abwesenheit oder ohne Zustimmung der Sjabry geschlossen wurde, konnte für ungültig erklärt werden.

Um in dem Sjabry-Grundeigentum der Kleinrussen den russischen Anteilbesitz zu erkennen, würden nur ein paar Beispiele der Grundbesitzverteilung in den Sjabry-Dörfern genügen. So z. B. das Dorf Galkow besteht aus drei Kosakenhöfen.

---

[1]) Lutschitzki, ibid. p. 174.
[2]) Derselbe, ibid. p. 183.
[3]) Lutschitzki, ebenda p. 185.
[4]) Ebenda p. 186.

1. Hof umfaſst 3 Familien, besitzt 18 Viertel
2. „ „ 3 „ „ 6 „
3. „ „ 2 „ „ 6 „

oder z. B. das Dorf Nedančič besteht aus 6 Höfen:

1. Hof umfaſst 3 Familien, besitzt 12 Viertel
2. „ „ 2 „ , „ 8 „
3. „ „ 7 „ , „ 4 „
4. „ „ 4 „ , „ 16 „
5. „ „ 2 „ , „ 12 „
6. „ „ 1 „ , „ 2[1]) „

Wir sehen hier, wie im nordrussischen Dorfe, die ungleichmäfsigen, aber proportionellen Anteile. Es ist die Proportion wie 1: 2: 3: 4 u. s. w., nach dem Verwandtschaftsgrade der Betreffenden.

In einem Punkte unterscheidet sich doch der kleinrussische Anteilbesitz von dem des nordrufsischen Dorfes — es ist im Betreff der Umteilungen. Im nordrufsischen Dorfe haben wir auch Umteilungen, die darin bestanden, dafs durch diese Ausgleichungen geprüft wurde, ob der konkrete Anteil dem ideellen, geerbten oder gekauften Rechte entspricht.

Etwas anders lagen die Verhältnisse in Kleinrufsland. Auch hier besafs ein jeder ein Landstück, das dem geerbten oder gekauften ideellen Anteile korrespondierte, aber diese Anteile wurden, wie Lutschitzki behauptet, verlost. Man teilte das Landstück in Gewanne und ein jeder Sjabr bekam eine, seinem ideellen Anteile entsprechende Zahl derselben. Ob andere Verteilungen periodisch oder jährlich vorgenommen wurden, dies zu beantworten reichen die Lutschitzkischen Materialien nicht aus.

Die Auflösung dieser Anteilbesitz-Einrichtung fing schon im XVIII. Jahrhundert an, man ging zum unbeschränkten Privateigentum über. „Die Konzentration der Anteile in einer Hand führte zur Aufhebung der gemeinsamen Nutzniefsung". [2])

Der Grundbesitz der Sjabry ist also in allen wesentlichen Merkmalen dem Anteilbesitze des nordrussischen Dorfes identisch. Sein Entstehen verdankt diese Einrichtung der Auflösung der Hauskommunion und ihrer Aufteilung in einzelne Familien oder in kleinere Familiengemeinschaften. Diese Einzelfamilien hatten nach ihrem Verwandtschaftsgrad ungleiche, aber proportionelle Anteile an dem ganzen

---

[1]) Über das Dorf Galkow: Im zitierten Aufsatz Lutschitzki's im Schmoleerschen Jahrbuch Bd. XX p. 193. Angaben über das Dorf Nedančič sind entnommen dem Aufsatze Lutschitzki's in der „Revue internationale de Sociologie 1895 p. 499."

[2]) Lutschitzki, ebenda p. 191.

Grundbesitz der früheren einheitlichen Hauskommunion. Diese Anteile waren aber keine konkreten, beständigen und unveränderlichen Landstücke, sondern ideelle Teile des Ganzen, deren Gröfse von dem Verwandtschaftsgrade bestimmt wurde, die konkreten Landstücke dagegen könnten bei eventuellen Umteilungen die Besitzer wechseln.

Diese Form des Besitzes der Sjabry unterscheidet sich also von der modernen russischen Feldgemeinschaft:

a) dadurch, dafs nicht der Mir, sondern das Erbrecht die Gröfse der Anteile bestimmt,
b) durch die von dem Erbrecht entspringende Ungleichheit der Landanteile,
c) durch die Veräufserungsfreiheit, im Falle die Nachbarn die Veräufserung des Grundbesitzes bewilligen.

Vom modernen, individuellen Privateigentume unterscheidet sich der Anteilbesitz der Sjabry dadurch, dafs der Anteil nicht konkret, sondern ideell, d. h. dafs der Landbesitz nicht an das abgemessene, betreffende, bestimmte Landstück gebunden war; die Landstücke könnten ihre Besitzer wechseln, der Landbesitz war durch das Anteilsrecht auf das gesamte Land, nicht aber durch das Land selber bestimmt. Zweitens, äufserlich unterscheidet sich der Anteilbesitz vom Privateigentum dadurch, dafs der Umfang der Ländereien, wenn auch ungleich, doch an bestimmte Proportionen gebunden war.[1])

6. Der Viertelrechtsbesitz in Grofsrufsland.

Derselbe Anteilbesitz, dessen Spuren wir in Nord- und Kleinrufsland kennen gelernt haben, war früher auch in Mittelrufsland sehr verbreitet und bildet, wie die statistischen Untersuchungen der russischen Landschaften festgestellt haben, noch gegenwärtig einen beträchtlichen Teil des bäuerlichen Grundbesitzes. Es sind die sogenannten „Tschetwertnye"-Bauern, es ist der „Viertelrechtbesitz" der Gouvernements Smolensk, Kaluga, Orel, Kursk, Rjasan, Woronesh, Pensa, Samara u. a.[2])

---

[1]) Lutschitzki, ebenda p. 195—196.

[2]) Das einzige Material, das wir über den „Viertelrechtbesitz" haben, sind die landschaftlichen statistischen Arbeiten der betreffenden Gouvernements, aufserdem ein sehr lehrreicher Aufsatz eines Anonymus. K. M. P—w. Der „Viertelrechtgrundbesitz" in der Zeitschrift Rufskaja Mysl 1896 Bd. II p. 43—59, Bd. III p. 25—43.

Behandelt ist noch die Frage bei Ap. A. Karelin. Der Gemeindebesitz in Rufsland StP. 1893 p. 236—244. .

Diese Tschetwertnye-Bauern sind sozusagen „adeliger" Abstammung. Ihre Ahnen waren Dienstmannen der Moskauer Zaren. Ihnen wurden Ländereien an den gefährlichen Grenzen des Moskauer Staates als Dienstgüter verliehen und sie hatten die Pflicht, die Annäherung feindlicher Truppen zu beobachten, darüber in Moskau anzuzeigen und so lange als möglich das Eindringen des feindlichen Heeres in den moskauischen Staat aufzuhalten. Mit der Ausdehnung des russischen Reiches, mit der Verschiebung der Grenzen und mit der Reform des Militärwesens durch Peter den Grofsen, ist ihre Aufgabe als Grenzposten gegenstandslos geworden, und mit der Änderung ihrer Dienstpflicht änderte sich auch ihre soziale Stellung.

Bei der Konstituierung des russischen Adelstandes im Jahre 1719 wurden die besser situierten von diesen Dienstmannen in den Adelsstand aufgenommen, die übrigen erhielten den Namen „Odnodworcy.", Einhöfler, dessen Stellung sich immer mehr und mehr verschlimmerte und derjenigen der Staatsbauern sich näherte. Um die fiskalischen Interessen zu sichern, zieht der Staat der wirtschaftlichen Freiheit der Einhöfler enge Grenzen. So verbietet ihnen schon ein Befehl des Obersten Geheimen Rats vom 14. August 1727 den Verkauf des Landes an andere Stände und gestattet ihnen das Land nur unter sich in dem Falle zu veräufsern, wenn „der betreffende den Überschufs, den er über 60 Dessjatinen Land hat, verkauft". Derjenige, der keine 60 Dessjatinen Land hat, hat auch kein Veräufserungsrecht.

Dieses Gesetz aber blieb ein toter Buchstabe. Die Einhöfler veräufserten nach wie vor ihre Ländereien, was der Regierung gar nicht pafste. Infolgedessen suchte die Regierung unter Katharina II. den Einhöflern ähnlich wie den Staatsbauern die Feldgemeinschaft aufzudrängen, und fand natürlich mit dieser Agrarpolitik bei dem expropriierten Teil der Bevölkerung Anklang. Ein Ausdruck dieser Agrarpolitik sind die Instruktionen vom Jahre 1766, von denen schon die Rede war und mit welchen wir uns noch später zu beschäftigen haben werden. Die ganze zweite Hälfte des XVIII. Jahrhunderts dauert der unaufhörliche Kampf der Besitzenden mit den Nichtbesitzenden um die Form des Grundeigentums. Die centrale Regierung, die lokale Administration, das ländliche Proletariat und die arme Bauernbevölkerung suchen durch Recht und Unrecht die Einführung der

---

W. Woroncoff, Die bäuerliche Gemeinde, Moskau 1892 p. 21—55, auch bei Keufsler im III. Bande seines Werkes p. 126—139. Zu erwähnen ist noch A. Wolgin. Die Begründung der Nawdnitschestwo in den Werken des Herrn Woroncoff (W. W.) StP. 1896 p. 83 ff.

Feldgemeinschaft mit gleichen Anteilen und periodischen Umteilungen zu bewirken. Der wohlhabende Teil der Bevölkerung dagegen hält an dem alten Anteilbesitz und an dem überlieferten Viertelrecht fest, und dieser wohlhabenden Bauernklasse ist es bereits gelungen, das alte Viertelrecht bis auf unsere Tage zu erhalten, zum Teil aber waren sie unter dem Drucke der inneren Zustände und der russischen Agrarpolitik gezwungen, wenn auch nicht vollständig die Feldgemeinschaft aufzunehmen, ihr doch verschiedene Konzessionen zu machen. Wo aber der alte Anteilbesitz des Viertelrechts unantastbar erhalten geblieben ist, dort haben sie gewifs einen harten Kampf mit der Administration ausfechten müssen, ihr altes Recht verteidigend, da die Administration entschieden für die Einführung des Gemeindebesitzes war. So schreibt z. B. der Landesökonomiedirektor des Gouvernements Kursk in seinem Berichte an die Regierung: „Es ist als notwendig anzusehen, dafs bei dieser Art von Leuten (Viertelrechtsbauern) eine Umteilung vorgenommen werde, ähnlich wie es bei den Apanage- und Staatsbauern der Fall ist, d. h., dafs das Land nach der Zahl der männlichen Seelen innerhalb des Dorfes zur Verteilung kommen soll, da die Einhöfler mit den Staatsbauern die gleiche Steuer zahlen." [1])

Über den Übergang der Viertelrechtsbauern zur Feldgemeinschaft werden wir noch später zu sprechen haben, an dieser Stelle befassen wir uns mit dem Wesen des Viertelrechtsbesitzes. (Der Name Viertelrecht, ist von dem Worte „Viertel", einer altrussischen Mefseinheit entstanden.)

Der Viertelrechtsbesitz ist ein Analogon des nordrussischen Anteil- und des kleinrussischen Sjabry-Besitzes. Wie jene Besitzformen ist das Viertelrecht ein Familienbesitz. Testamentarische Verfügung ist ausgeschlossen. Ein jeder hat das Recht auf einen Anteil nach dem Grade seiner wirklichen oder fingierten Verwandtschaft mit dem Stammhalter. Wie bei den Anteilbesitzformen, die wir schon kennen gelernt haben, sind die Anteile beim Viertelrechtsbesitz nur ideel. Umteilungen kommen zur Regulierung der Grenzen, sowie zur Beseitigung der Gemengelage und aus anderen technischen Gründen vor. Dann wird das Land nach dem Muster der benachbarten Gemeinden mit Feldgemeinschaft verlost, die Anteile aber bleiben, wie vor der

---

[1]) Semewski, Die Staatsbauern zur Zeit Katharina II. in der Zeitschrift „Rufskaja Starina" 1879 Bd. IV p. 32—42.

K. P. — F., Der Viertelrechtgrundbesitz in der Zeitschrift „Rufskaja Mysl" 1886 Bd. II p. 49.

Umteilung, proportionell und nur von dem Verwandtschaftsgrade des betreffenden mit dem Stammhalter abhängig. Es kommen aber auch Fälle vor, wo die Anteile verkürzt, aber gleichmäfsig und proportionell verkürzt werden. Wird z. B. ein Stück Land eines Bauern zu Zwecken des Eisenbahnbaues expropriiert, so fällt die Expropriation nicht auf den betreffenden Bauer, sondern es wird eine Umteilung vorgenommen und die Anteile eines jeden Nachbarn werden proportionell seinem Anteilsrechte verkürzt. Ein anderes Beispiel einer solchen proportionellen Verkürzung liefert uns eine Gemeinde im Gouvernement Räsan. Ein Teil des Areals des gesamten Dorfes wurde verpachtet, um die Kosten eines Prozesses mit einer anderen Gemeinde zu decken. Diese zeitweilige Kürzung des Grundbesitzes nahmen alle Viertelrechtsbauern ihren Anteilen gemäfs auf sich.

Wir gehen nicht näher auf den Viertelrechtsbesitz ein, weil er dem nordrussischen Anteilbesitze völlig analog ist, wo er sich dagegen der Feldgemeinschaft nähert oder sich gar in die Feldgemeinschaft verwandelt, wird er später an anderer Stelle berücksichtigt werden.

Wir haben also den Anteilbesitz nicht als lokale Erscheinung, sondern als allgemeines Stadium in der Entwicklung des russischen bäuerlichen Grundbesitzes kennen gelernt. Diese Grundeigentumsform hat ihren Ausgangspunkt in der Auflösung der Hauskommunion. In Nord- und Mittelrufsland ist aus dem Anteilbesitze unter dem Drucke der notwendig gewordenen russischen Agrarpolitik die Feldgemeinschaft entstanden, in Kleinrufsland dagegen das Privateigentum.

Und jetzt wollen wir zur Geschichte des Moskauer Staates übergehen, um daselbst die Feldgemeinschaft zu suchen und von nun an die Entwicklung derselben chronologisch zu verfolgen.

Der bäuerliche Grundbesitz im Moskauer Staate.

7. Die Lage der Bauern vor der Leibeigenschaft. Spuren des Anteilbesitzes als Grundbesitzform.

Wie wir schon am Anfang unserer Untersuchung betont haben, ist unsere Aufgabe nicht die sehr fraglichen Überreste der Gentilverfassung in der Organisation des Moskauer Staates und speziell seiner Grundbesitzverhältnisse ausfindig zu machen, sondern wir schreiben die Geschichte der modernen russischen Feldgemeinschaft mit ihrem Rechte eines jeden Gemeindemitglieds auf einen Landanteil und mit ihren periodischen Umteilungen. Da die bäuerlichen Grundbesitzformen im Moskauer Staate durch das Hervortreten des gutsherrlichen Elements komplizierter sind als die Grundbesitzverhältnisse des Nordens und da die Geschichte des bäuerlichen Grundbesitzes im Norden endgültig von Frau Jefimenko festgestellt worden ist, befassten wir uns zunächst mit den nördlichen Zuständen. Natürlich haben wir kein Recht ohne weiteres die nördlichen Grundbesitzverhältnisse auf ganz Rufsland zu verallgemeinern und nehmen vorläufig auf die Ergebnisse der Jefimenkoschen Forschungen keine Rücksicht. Wir suchen in der Moskowitischen Geschichte selber die Antwort auf die Frage, ob im Moskauer Staate die Feldgemeinschaft existiert hatte.[1])

Der Moskauer Staat hatte im XVI. Jahrhundert ungefähr 7 Millionen Einwohner und umfafste unter Iwan III. (1462) ein Terri-

---

[1]) Da wir uns mit der Litteraturgeschichte unserer Frage nicht befassen, gehen wir auf die Ansichten der einzelnen Verfasser nicht ein, sie sind bei Keufsler zu finden Bd. I p. 8-15. — Eine harte aber gerechte Beurteilung fand Beläjeff in Engelmanns Werk „Die Leibeigenschaft in Rufsland", Leipzig 1884 p. 22—23. „Beläjews Werk, sagt Engelmann, hat seinen Wert einzig und allein durch das in demselben mitgeteilte ungedruckte Quellenmaterial. Seine eigenen Ausführungen sind teils unbewiesene Annahmen, teils Behauptungen, welche durch die von ihm ehrlich mitgeteilten Urkunden unmittelbar widerlegt werden. Er war durchaus naiv und besafs absolut keine kritische Ader, aber, wie alle Slawophilen, eine unerschütterte Überzeugung von der unerreichbaren Vortrefflichkeit aller altrussischen Zustände. So dichtete er und mit ihm seine Freunde, die übrigen „alten" Slawophilen, die Aksakow, Chomäkow u. a. in die ältesten Zustände einen urrussischen Gemeindebesitz hinein, von dem in den Quellen nichts zu finden ist." — Über Keufsler's Theorie siehe bei Keufsler Bd. I pag. 83—89, 104—110 und Bd. III pag. 33-73.

Beläjeff, „Die Bauern in Rufsland", Moskau 1891 pag. 41—94.

Tschitscherin, „Versuche einer Geschichte des russischen Rechtes", Moskau 1858 besonders pag. 57.

Al. Jefimenko, „Forschungen über das Volksleben", Moskau 1884 p. 370—373. Engelmann, „Die Leibeigenschaft in Rufsland", Leipzig 1884 p. 343—375; Milukoff, „Finanzgeschichtliche Streitfragen des Moskauer Staates." St. P. 1892. P. A. Sokolowski, „Das wirtschaftliche Leben der ländlichen Bevölkerung in Rufsland und die Kolonisation der südöstlichen Steppen vor der Leibeigenschaft, St. P. 1878. Derselbe, „Geschichte der Dorfgemeinde in Nordrufsland." St. P. 1877.

torium von 18,000 □ Meilen, unter Wassily III. (1505) — 24,000 und unter Iwan dem Schrecklichen (1584) ungefähr 72,000 □ Meilen.[1]

Der weit gröfste Teil der Bevölkerung waren Bauern, die die verschiedenartigsten Namen tragen. Besonders häufig wurden sie „Christen" genannt, wie sie noch gegenwärtig allgemein heifsen. Dieser Name rührt aus der Zeit der Mongolenherrschaft her, als die Mongolen die russischen Bauern — Christen — nannten. Ferner hiefsen sie „schwarze Leute". Der gesamte Grundbesitz war im Moskauer Staate in weifses und schwarzes Land geteilt. Unter weifsem Land verstand man die fürstlichen Domänen, das Bojareuland und den Grundbesitz der Geistlichkeit, es war ganz oder zum Teil von allen Steuern und Abgaben befreit. Mit „schwarzem Land" bezeichnete man dasjenige, auf dem die Bauern safsen. Auf diesem lasteten alle Steuern. Noch werden die Bauern „Waisen" und auch „Smerdy", d. h. die Stinkenden genannt, häufig tragen sie noch den Namen der Abgaben-Zahlenden, der Schriftlichen, der Gezählten, der steuerbaren Leute, so genannt, weil sie zur Zeit des Mongolenjochs und später von den russischen Fürsten gezählt und in spezielle Steuerbücher eingetragen wurden. Da sie vom Hacken eine Steuer zu entrichten hatten, so wurde ihnen auch der Name „Hackenbauern" zuteil.[2]

Die Bauern teilten sich anfangs in zwei grofse Kategorien, in solche, die auf schwarzem Bauernlande, und andere, die auf gutsherrlichem „weifsem" Lande ansässig waren. Aber auch das schwarze Land war kein Eigentum der Bauern, der oberste Grundherr der schwarzen Ländereien war der Fürst oder der Zar, nur war er Eigentümer des schwarzen Bauernlandes nicht im privatrechtlichen Sinne des Wortes. Deshalb werden auch die fürstlichen Domänen als etwas von dem schwarzen Bauernlande Verschiedenes betrachtet und behandelt.[3]

Da die schwarzen Ländereien die hauptsächlichen Steuern und Lasten tragen, war es von grofsem Vorteil für den Fiskus, dafs diese Ländereien im Besitze der steuerpflichtigen Bauern blieben, denn wenn solche Ländereien von steuerfreien Ständen aufgekauft wurden, so verlor dabei der Staat einen grofsen Teil seiner Einnahmen, da das schwarze Land zum minderbesteuerten Bojarengut ward. Deshalb suchten schon die ersten Fürsten die Veräufserungsfreiheit des schwarzen Landes zu beschränken. So heifst es in einem Vertrage

---

[1]) P. A. Sokolowski, „Das wirtschaftliche Leben" etc. p. 1.
[2]) Vgl. Engelmann, Die Leibeigenschaft p. 11.
[3]) Vgl. Historische Urkunden Nr. 74.

des Fürsten Wladimir Andrejewitsch mit dem Fürsten Dmetrius Donskoj, dafs die schwarzen Bauern, die ihren Grundbesitz verkauft haben, das Recht haben, ihren Besitz zurückzukaufen, wenn aber die schwarzen Bauern ihr Gut nicht einlösen wollen, dann mufs der Käufer mit den schwarzen Bauern die gleichen Steuern und Abgaben tragen, oder ohne jede Vergütung das Land den Bauern zurückgeben.¹) Den Bojaren wird es überhaupt verboten, die „Dörfer der gezählten Leute" zu kaufen.²)

Die Bauern selber betrachteten ihr Land als das Eigentum des Fürsten, das sich in ihrem Besitze befindet und nannten ihre Dörfer: „des Zaren und des Grofsfürsten schwarzes steuerpflichtiges Dorf und mein und meines Vaters Besitz".³)

Aber da die Leistungen der Dienstmannen dem Moskauer Staate noch unentbehrlicher waren als die Einnahmen von den schwarzen Dörfern, war der Staat gezwungen, nach und nach das schwarze Bauernland als Dienstgut zu verleihen. Im XV. Jahrhundert fängt dieser Prozefs an und im XVI. Jahrhundert sind die schwarzen Bauergemeinden im Centrum des Staates schon garnicht mehr zu finden. Alles Bauernland ist den Bojaren und Dienstmannen verschenkt und verliehen. So ist zum Beispiel schon im XVI. Jahrhundert in den Distrikten Moskau, Kolomna, Zwenigorod und in der Nowgoroder Provinz keine Spur des schwarzen Bauernlandes geblieben.⁴) Erhalten blieb nur der bäuerliche schwarze Grundbesitz in den Gegenden des äufsersten Nordens, also in den gegenwärtigen Gouvernements Archangelsk, Olonek, Wologda. — Die Entwicklung des bäuerlichen Grundbesitzes im Norden haben wir schon kennen gelernt.

---

¹) Sammlung der Staatsurkunden und Verträge Bd. I Nr. 33.
²) Urkunden der Archeographischen Expedition Bd. I Nr. 29.
³) Vgl. Rechtsurkunden Nr. 20, 23, Tschitscherin, op. cit. p. 19—20. Keufsler äufsert sich im Anschlufs an S. Ssolowjoff folgendermafsen: „Mit der Bildung des Moskauer Grofsfürstentums hatte sich ein neues staatsrechtliches Prinzip Bahn gebrochen. Dieses Fürstentum bestand fafst ausschliefslich aus eroberten Ländern, der Grund und Boden befand sich hier im Eigentume des Fürsten; die hieraus sich entwickelnde grofse Macht dieser Fürsten, gegenüber den Fürsten auf altrussischem Boden, trug wesentlich zum Übergewicht Moskau's bei. Auf dem Aufgehen der Fürstentümer in den Moskau'schen Staat und mit den grofsen Eroberungen (Nowgorod, Pskow, Smolensk, Kasan etc.) wuchs die zarische Macht so gewaltig, dafs der Grundsatz, alles Land gehöre dem Staate, der über dasselbe verfügen könne, auf ganz Rufsland ausgedehnt wurde."
Keufsler, Bd. I pag. 36.
⁴) Vgl. P. A. Ssokolowski, Das wirtschaftliche Leben etc., p. 5, 58.

Schon im XVI. Jahrhundert gab es in Centralrußland kein schwarzes Bauernland mehr, wir müssen uns die Grundbesitzverhältnisse der schwarzen Bauern aus den früheren Urkunden rekonstruieren. Wie in Nordrußland, lebten auch in Centralrußland die Bauern in kleinen Dörfern, die sie „Derewnä" nannten. Diese Dörfer bestanden aus sehr wenigen Höfen, häufig sogar nur aus einem Hofe.[1]) Professor Ssolowjoff berechnet, daß die Dörfer, die in dem Wodschen Steuerbuche vom Jahre 1500 angeführt sind, meistens aus 1—4 Höfen bestanden. Einen viel tieferen Blick in das Wesen des altrussischen Dorfes gewährt uns Ssokolowski, der die alten Steuerbücher bearbeitet hat. In den Ladoger, Orechower und Koreler Distrikten der Wodschen Pjatina sind 2710 Dörfer angeführt, von diesen bestehen 1419, also die größere Hälfte, aus einem Hofe, in 58 Dörfern also in 2, 1%, der Gesamtzahl, gab es 10—20 Höfe, in 4 Dörfern 35—45 Höfe und nur in 2 Dörfern mehr als 50. In der Permschen Gegend bestanden die Dörfer zum größten Teil aus einem Hofe, in der Derewschen Pjatina, die näher am Centrum gelegen war, durchschnittlich aus 2 $\frac{1}{2}$ Höfen. Aber je näher nach Moskau, desto bevölkerter werden die Dörfer; so hat der Twersche Distrikt im Jahre 1540 durchschnittlich 3, im Dmitrowschen Kreise kommen schon ungefähr 5 $\frac{1}{2}$, und im Perejaslawschen Kreise ungefähr 7 Höfe pro Dorf.[2])

Was die Besitzform auf diesen Bauerndörfern betrifft, so liefern die erhaltenen Urkunden den vollen Beweis dafür, daß die Feldgemeinschaft damals nicht bestanden hat. Keußler, der sich für die Existenz der Feldgemeinschaft im alten Rußland erklärt, spricht dem altrussischen Gemeindebesitze das einzig bestimmende und wesentlichste Merkmal der Feldgemeinschaft ab. „So lange das Gegenteil nicht bewiesen ist", sagt er, „sind wir zur Annahme verpflichtet, daß nach dem altrussischen Gemeindebesitzrecht nicht ein jeder in der Gemeinde Geborene ein Recht auf einen mit den übrigen gleich großen Landanteil gehabt hat, und demnach dieses im heutigen Gemeindebesitz herrschende Prinzip sich erst in neuerer Zeit Bahn gebrochen hat".[3]) Beläjeff spricht von dem urrussischen Gemeinde-

---

[1]) Vgl. S. Ssolowjoff, Geschichte Rußlands Bd. V p. 243; Keußler Bd. I pag. 58—59.

[2]) P. A. Ssokolowski, Die Geschichte der Dorfgemeinde etc. p. 54—55.
Vgl. auch P. A. Ssokolowski: Das wirtschaftliche Leben der ländlichen Bevölkerung Rußlands etc. pag. 163—166.

[3]) Keußler, Bd. I p. 88—89.

besitz, aber, wie Engelmann sagt, sind „seine eigenen Ausführungen teils völlig unbewiesene Annahmen, teils Behauptungen, welche durch die von ihm ehrlich mitgeteilten Urkunden unmittelbar widerlegt werden".[1]) Wir führen einige solcher Urkunden an: „Das bin ich Prokofej Marks Sohn Borodkin, Bauer des (Dorfes) Luskaja Peremeca der Loemschen Wolost, der sein Vermächtnis schreibt.... Alles, was ich Prokopej besitze, alle Dörfer, Höfe und Gehöfte, und alles, was ich aufserhalb des Hofes besitze.... alles was vor mir, mein Vater Marko und nach ihm ich Prokopej auf Grund von Kaufbriefen und anderen schriftlichen Urkunden besessen habe..... mit all dem segne ich in meiner Todesstunde und vermache es meinem Sohne Theodor mit seiner Frau Marina".[2])

Die schwarzen Bauern konnten also Land kaufen, es auf Grund von Kaufbriefen und anderen schriftlichen Urkunden besitzen und dasselbe nach Belieben veräufsern oder vermachen. Dieses bestätigen alle anderen Urkunden. So z. B. der Kaufbrief des Wassily Djakonof vom Jahre 1550, der Kaufbrief des Bauern Jwan Meschnikoff vom Jahre 1568, die in den Rechtsurkunden veröffentlicht sind, dasselbe bestätigen die Urkunden der Beläjeffschen Sammlung. So z. B. ein Kaufbrief der Söhne Konstantins, Jwans, Terenty und Mokejis aus dem Jahre 1534; einer anderen Beläjeffschen Urkunde gemäfs verkauft im Jahre 1573 der Bauer Jermola Pleschkoff sein Eigentum, das halbe Dorf Issutowo. „Aber das unbeschränkte Eigentum", bemerkt darauf Beläjeff, „befreit ihn nicht von der Gemeinde, er gehörte zur Wolost, in welcher sein Besitz sich befand, alle Gemeindesteuern und alle Abgaben zahlte er nach der Bestimmung der Gemeinde ... der Grundbesitz befreite ihn nicht von den Gemeindepflichten."[3]) Dafs aber die Gemeinde, die Wolost, keine wirtschaftliche, sondern eine administrative Einheit war, hätte wirklich dem Beläjeff klar werden können, denn eine Zeile weiter erzählt er von einem Dorfe an dem Flusse Polambeja in der Kiwujschen Wolost, welches volles und unbeschränktes Privateigentum des Bauern Konanin war, dem zur Zeit das Amt des Ältesten der Wolost oblag etc. Dies ist auch ganz in der Ordnung, denn die Wolost war überhaupt nichts mehr und nichts weniger als ein mit polizeigerichtlichen und fiskalischen Befugnissen ausgerüsteter Selbstverwaltungskörper.

---

[1]) Engelmann, Die Leibeigenschaft in Rufsland, pag. 22—23.
[2]) Beläjeff, Die Bauern in Rufsland, Moskau 1891 pag. 36.
[3]) Beläjeff, op. cit. pag. 78.

Nun aber ist die Frage, woher kam die irrtümliche Vorstellung, dafs die Wolost eine wirtschaftliche Einheit, etwa eine Art Markgenossenschaft war? Man ging von der Voraussetzung aus, dafs die Gentilverfassung bei allen Völkern im wesentlichen dieselbe oder eine ähnliche war? Die Voraussetzung ist vollständig berechtigt, und eine Vergleichung der germanischen Gentilverfassung mit der slavischen wäre sehr lehrreich, aber anstatt das Gleiche dem Gleichen gegenüber zu stellen, suchte man die deutsche Markgenossenschaft in einem Steuerbezirk des Moskauer Staates!

Der Moskauer Staat, der nur nach der völligen Zertrümmerung aller Stammesverfassungen entstehen konnte, der alles altslavische ausmerzen mufste, um sein byzantinisch-tatarisches Wesen entfalten zu können,[1]) ja überhaupt um Staat zu sein. Dieses Reich der Moskauer Zaren hat die Markgenossenschaft weit hinter sich und die moskowitische Wolost ist ein moskowitisches Verwaltungsorgan. Dagegen wird aber behauptet, es lägen ja Urkunden vor, wonach die Wolost über schwarze Bauerländereien verfügte. Gewifs, und die Erklärung dafür bietet uns die Geschichte des russischen Bauern. Die schwarze Bauernwolost war in erster Linie ein Steuerbezirk, der in Steuerangelegenheiten zur solidarischen Haft gegenseitig verpflichteten Bauern. Die Steuern, die auf den Bauern überhaupt, und auf den schwarzen Bauern insbesondere lasteten, waren sehr grofs. Der Grund und Boden konnte diese Lasten kaum tragen, und so erklärten z. B. zwei Bauern, Elisary Fedoroff und Paul Ankindinoff, die im Jahre 1571 ihr Land verkaufen, dafs sie den Besitz ihrer Väter veräufsern, weil, wie es in der Urkunde heifst, „wir nicht imstande sind, den Dienst dem Grofsfürsten zu dienen und die Steuern und all die Abgaben zu ertragen."[2]) Aber natürlich, wo die Steuern den Bodenertrag übertrafen, konnte der Bauer keinen Käufer finden und ihm blieb nichts anderes übrig, als das Dorf zu verlassen. Ende des XVI. Jahrhunderts war die Zahl der verlassenen Dörfer viel gröfser als die der bewohnten.

---

[1]) Ich erinnere nur an die letzten Kämpfe Moskaus mit Nowgorod und Pskow (Pleskau). Herberstein, der im Anfang des XVI. Jahrhunderts in Rufsland reiste, äufserte sich folgendermafsen: „Novagardia gentem quoque humanissimam ac honestam habebat: sed quae nunc procul dubio peste Moscovitica, quam eo commeantes Mosci secum invexerunt, corruptissima est . . .“ Über Pskof schreibt er: „Unde factum, ut pro cultoribus, atque adeo humanioribus Plescoviensium moribus, corruptiores in omnibus fere rebus Moscoviensium mores sint introducti." Starczewski. Historiae Ruthenicae scriptores exteri 1841 I pag. 51, 52.

[2]) Rechtsurkunden Nr. 23, auch bei Beläjeff op. cit. pag. 79.

Die Flucht der Bauern vom flachen Lande war die gröfste Sorge des Staates; so z. B. wird diese Frage vor den einberufenen Ständen im Jahre 1584 verhandelt. Um ein Beispiel dieser Verödung zu geben, führe ich einen Teil des Nowgorodschen Gebietes an, die Derewsche Pätina. Ende des XV. Jahrhunderts, also ein paar Jahrzehnte nach der Eroberung Nowgorods (1478) war das Land relativ dicht bevölkert, ein Jahrhundert nach der Eroberung stellt es uns das folgende Bild dar: 123 Dörfer sind bewohnt, 977 liegen öde und verlassen.[1])

Besteuert waren nur die bewohnten Dörfer, aber die Revisionen und Neueintragungen in die Steuerbücher geschahen nur in äufserst langen Zwischenräumen, und wenn ein Bauer sein Land verlassen hatte, so mufste die gesamte Wolost bis zur nächsten Revision die Steuern für ihn entrichten. Dafs diesem Zustand die Wolost durch alle ihr zu Gebote stehenden Mittel abzuhelfen suchte, ist leicht erklärlich. So sucht die Wolost durch verschiedene Vergünstigungen, durch steuerfreie Jahre etc., Bauern an sich heranzulocken, die willig wären, die verlassenen Grundstücke zu übernehmen und gleich den anderen später die Steuern zu zahlen. Dies bedeutet nicht, dafs die Wolost als solche Eigentümerin des Grund und Bodens ist, nichts wäre falscher als diese Annahme! Der Eigentümer ist der Bauer, der auf dem Grund und Boden sitzt, wenn er aber sein Grundstück verläfst, so will die Wolost nicht für seinen verlassenen Landteil Steuern zahlen, und sucht für das herrenlos gewordene Land einen anderen Besitzer.[2])

Wir haben schon bei der Darstellung der nordrussischen Verhältnisse das Wesen der Wolost erörtert und die betreffenden Urkunden berücksichtigt, wir gehen deshalb zu anderen charakteristischen Momenten des bäuerlichen Grundbesitzes über.

Bis jetzt haben wir im schwarzen Bauerndorfe des Moskauer Staates eine dem nordrussischen Bauerndorfe analoge Erscheinung gesehen. In Nordrufsland besteht das Dorf aus einem oder einigen wenigen Höfen, dasselbe sahen wir im Moskauer Staate, in Nordrufsland verfügt der Bauer über seinen Grundbesitz, kauft oder verkauft es. Dasselbe ist im Moskauer Staate der Fall. In Nordrufsland war

---

[1]) Ssokolowski, Das wirtschaftliche Leben etc., pag. 168.

[2]) Charakteristisch ist noch, dafs ein jeder Bauer seine Felder mit einem Zaun umgrenzte. Bei Verträgen werden häufig die Bauern verpflichtet die alten Zäune zu richten oder das Feld mit einem neuen zu umzäunen, eine Thatsache, die wenig für die Feldgemeinschaft spricht.

Vgl. Ssokolowski, Das wirtschaftliche Leben etc., p. 27—28.

das Dorf eine geschlossene Einheit, und in dieser Einheit fanden wir den Schlüssel zum Verständnis der Grundeigentumsform. Wie liegen nun die Verhältnisse in den centralen Provinzen des Moskauer Staates?

Sieben Jahre vor dem Erscheinen der Jefimenko'schen Forschungen schreibt Johannes von Keufsler folgendes über den Bauernhof im Moskauer Staate: „Das zu einem bäuerlichen Hof gehörende Land tritt im alten Rufsland uns als eine bestimmte Gröfse entgegen, die auch durch etwaige neue Umteilungen nicht verändert wurde. Wiederholt finden sich zur Bezeichnung eines bäuerlichen Hofes, z. B. bei einer Neuvergebung desselben, der Ausdruck: der Hof mit allem, was seit Alters dazu gehört, soweit „Beil, Sichel und Pflug gegangen" etc. etc. — Auf derselben Vorraussetzung beruht die Art der Aufstellung der Steuerbücher: der Hof ist eine bestimmte Gröfse, eine geschlossene Einheit." [1]) Aber ursprünglich waren Hof und Dorf identische Begriffe: Wie wir früher gezeigt haben, bestand die gröfsere Hälfte der 2710 Dörfer des Ladoger, Orechower und Koreler Kreises aus je einem Hofe, und nur 58 von diesen hatten mehr als je 10 Höfe. Sogar in den centralen Distrikten, wie es z. B. der Twersche Kreis ist, hatten die Dörfer durchschnittlich 3 Höfe (im Jahre 1540)." [2]) Das Dorf ist ursprünglich ein Hof wie in dem Dwinaschen Gebiete, und später ist er ein bestimmter Teil des Dorfes, so verkauft z. B. Jermola Pleschkoff im Jahre 1573 die Hälfte des Issutow'schen Dorfes. [3])

Kurz, wo Ssokolowski die Feldgemeinschaft, und wo Keufsler die Markgenossenschaft (ohne „Recht eines jeden auf einen Landanteil") entdeckt zu haben glauben, dort sehen wir eine dem nordrussischen Anteilbesitze völlig analoge Erscheinung. Den Beweis dafür hoffen wir liefern zu können.

Den Ausgangspunkt bildet das Dorf mit einem Hofe, das heifst die Feldgemeinschaft, die Hauskommunion. „Zunächst war es" sagt Prof. Staehr, „im alten Rufslande eine gewöhnliche Erscheinung, dafs nach dem Tode des Vaters die Söhne unter Leitung des ältesten von ihnen, oder des Oheims (des Bruders des Vaters) beisammen blieben und eine gemeinsame Wirtschaft führten, „in einem Brot lebten". Diese Sitte wird z. B. noch in dem Pskowschen Gerichtsbuch aus dem Ende des XV. Jahrhunderts (1467) kodifiziert, sie mufs also

---
[1]) Keufsler, Bd. I pag. 87.
[2]) Ssolokowski, Geschichte der Dorfgemeinde etc., pag. 55.
[3]) Beläjeff, Die Bauern in Rufsland, pag. 78.

noch damals selbst von der städtischen Bevölkerung eines so entwickelten, kommerziell wichtigen Ortes wie Pskow es war, regelmäfsig geübt worden sein."[1])

Eine solche Familiengemeinschaft war ursprünglich das Dorf oder der Hof. „Unter dem Worte „Hof," sagt Ssokolowski, „verstand man die Gesamtheit der Personen, die zusammen wohnten, und die in den meisten Fällen durch gemeinsame Abstammung verknüpft waren."[2]) Durchschnittlich sind die Ackerflächen solcher Höfe, resp. Dörfer, einander gleich gewesen, der Besitz solch eines Hofes umfafste meistens ungefähr eine Obža oder eine Wytj. Dieses Mafs bedeutet eben nichts mehr, als die durchschnittliche Gröfse eines bäuerlichen Hofes.[3]) Diese Normalgröfse eines solchen Hofes entspricht der normalen Summe der Arbeitskräfte, über welche ein derartiger Hof verfügte.[4]) Diese Grundstücke erhielt die Familie nicht, sondern sie nahm sie sich, und noch mehr zu nehmen, hatte sie gar keine Veranlassung, denn mehr Wald zu roden und Land zu bebauen, ginge über ihre Kräfte hinaus.[5])

Aber wie in Nordrufsland, finden wir in den centralen Provinzen des Moskauer Staates des XVI. Jahrhunderts, dafs in den Dörfern, in welchen es mehrere Höfe gab, sie jetzt Bruchteile eines früheren Ganzen bilden. Die häufigsten Bruchteile sind $1/2$, $1/4$, $1/8$, $1/16$ Wütj, oder $1/3$, $1/6$, $1/12$ Wütj. Natürlich kamen auch andere Bruchteile vor z. B. $2/3$, $3/4$, $7/8$ Wütj etc.[6]) Nehmen wir z. B. das Dorf Ssinkowo im Kamenschen Distrikte des Dmitrofschen Kreises bei Moskau. Das Dorf hat 27 Höfe, 15 von diesen sitzen jeder auf $1/8$ Wütj, 7 Höfe sitzen jeder auf $1/16$, 1 Hof auf $1/3$, 2 Höfe jeder auf $1/6$.[7]) Das Dorf Oljawidowo (im Twerschen Kreise) hat 14 Höfe: 9 sitzen je auf $1/3$ Wütj, 2 Höfe je auf $1/6$, 2 Höfe je auf $1/2$ Wütj. Das Dorf Okulowo hat 8 Höfe: 6 Höfe je auf $1/4$, ein Hof auf einem Drittel, ein Hof auf einer Hälfte der Wütj u. s. w. u. s. w.[8])

---

[1]) Staehr, Ursprung, Wesen und Bedeutung des russischen Artels, Teil I p. 43 (Dorpat 1890).
[2]) Ssokolowski, Das wirtschaftliche Leben etc., pag. 18.
[3]) Vgl. Keufsler, Bd. I pag. 30.
[4]) Vgl. Ssokolowski, Das wirtschaftliche Leben etc., pag. 155.
[5]) Vgl. Staehr, Ursprung, Wesen und Bedeutung des russischen Artels, Teil 1 p. 47—49.
[6]) Vgl. Keufsler, Bd. I. p. 43.
[7]) Vgl. Ssokolowski, Wirtschaftl. Leben, pag. 157.
[8]) Vgl. Ssokolowski, Geschichte der Dorfgemeinde etc., pag. 85.

Wir sahen in Nordrufsland, dafs der Anteilbesitz nicht in dem Besitze von gewissen konkreten Landstücken, sondern in dem ideellen auf einen bestimmten, seinem Verwandtschaftsgrade entsprechenden Rechtsanteil des ganzen Dorfes bestand; wir sahen ferner, dafs häufig Wiesen, manchmal auch Felder im ungeteilten Besitze und in gemeinsamer Bewirtschaftung des gesamten Dorfes blieben, wobei aber jeder ein seinem Anteile entsprechendes Recht auf die ungeteilten Landstücke hatte. Gerade dasselbe kommt auch im alten Centralrufsland vor. Z. B. das Dorf Ssyssoewo im Dmitrowschen Kreise hat 16 Höfe: 11 Höfe je auf $1/3$ Wütj, 3 je auf $1/6$, 2 Höfe je auf $1/2$ Wütj, „und gemeinsam bebauen noch diese $1/2$ Wütj." Oder z. B. das Dorf Iwanyschewo hat 4 Höfe, ein jeder $1/4$ Wütj „und diese pflügen noch proportionell (in der wörtlichen Übersetzung der Urkundensprache — „nach Mafs") zusammen eine halbe Wütj.[1])

Wir halten es für überflüssig, weitere Urkundenbelege anzuführen, schon aus dem Gesagten geht deutlich hervor, dafs die Grundeigentumsform der Bauern in den schwarzen Dörfern des Moskauer Staates dieselbe war, wie diejenige, die wir in Nordrufsland unter dem Namen „Anteilbesitz" kennen gelernt haben.

Das Dorf bestand früher aus einem Hofe, einer Familienwirtschaft, je näher zum Centrum, je bevölkerter und älter die Gegend war, desto gröfser wird die Zahl der Höfe des moscowitischen Dorfes. Der Besitz der einzelnen Höfe ist veräufserbar und befindet sich in einem proportionell zueinander stehendem Verhältnis, das nur durch das Erbrecht zu erklären ist. Die Dörfer haben noch häufig gemeinsamen Besitz, in welchem ein jeder Hof seinen proportionellen Anteil hat. Da wir im moscowitischen bäuerlichen Grundbesitz keine Abweichungen von derjenigen der nordrussischen entdecken können, schliefsen wir auf die Existenz des Anteilbesitzes in Rufsland, als auf eine allgemeine Erscheinung und ein Stadium auf dem Entwicklungswege zum Privateigentum an Grund und Boden.

8. Die ländlichen Proletarier.

Bei der freien Veräufserlichkeit und bei der bestehenden erbrechtlichen Teilbarkeit des Grund und Bodens, mufste sich notwendigerweise die bäuerliche Masse bald differenzieren und einerseits in Proletarier, andrerseits in reiche Bauern zerfallen.[2])

---

[1]) Ssokolowski, Geschichte der Dorfgemeinde etc., pag. 84—85.
[2]) Keufsler entwirft ein spiesbürgerliches Bild dieser Differenzierung: Die

Schon die ältesten Urkunden des Moskauer Staates schildern uns keine gleichartige Bauernmasse, sondern teilen die Bauern in drei Klassen, in „bessere" Leute, „mittlere" Leute, und „jüngere" Leute (Historische Urkunden Bd. I Nr. 165, 315, Beilage zu den Historischen Urkunden Bd. I Nr. 149, Urkunden der Archeographischen Expedition Bd. I p. 266). Diese „jüngeren" Leute sind entweder Proletarier oder sie befinden sich sicher auf dem Wege dazu, solche zu werden. Es sind Bauern mit sehr geringem Besitz wie die Bobyli, die Kosaken und die Hofesleute (Podworniki) es gewesen sind. Diese Bobyli, Kosaken und Hofesleute waren exproprierte Bauern, die sich mit irgend einem Gewerbe beschäftigten oder als Lohnarbeiter auf den Ländereien ihrer Nachbarn fungierten. Z. B. das Dorf Ssaworassawo hat 4 Höfe, 2 Bauern- und 2 Bobyli-Höfe. Ein jeder der zwei Bauernhöfe sitzt auf $1/_3$ Wütj, aufserdem besitzen noch dieselben ungeteilt $1/_3$ Wütj. Die zwei Bobyli-Höfe haben aber an dem Besitz des Dorfes keinen Anteil.

Je älter die Gegend war, je länger der Differenzierungsprozefs fortdauerte, um so gröfser war naturgemäfs der Prozentsatz der Bobyli. Je näher an Moskau, desto gröfser der Prozentsatz. Z. B. auf den Erbgütern des Klosters zur Heiligen Dreifaltigkeit im Uglitschen Kreise, gab es im Jahre 1593—477 Bauernhöfe und 13 Bobyli. Im Ruzschen Kreise 60 Bauernhöfe, 5 Bobyli, im Dmitrowschen Kreise 917 Bauernhöfe, 40 Bobyli (in den Jahren 1592—93). Im Wladimirschen Kreise 473 Bauernhöfe, 53 Bobyli, im Prejaslawer Kreise 809 Bauernhöfe, 62 Bobyli, im Susdaler Kreise 540 Bauernhöfe, 38 Bobyli, im Jaroslawschen Kreise 217 Bauernhöfe, 17 Bobyli, im Rostowschen Kreise 483 Bauernhöfe und nur 23 Bobyli, im Moskauer Kreise aber, im Distrikte Ssurash, hat das Dreifaltigkeitskloster 29 Bobyli

---

ursprüngliche Gleichheit in der Gröfse des in der Nutzung einer Familie befindlichen Landanteils wurde nämlich dadurch gestört, dass der durch wirtschaftliche Tüchtigkeit, Fleifs und Sparsamkeit wohlhabend Gewordene, sich von der Gemeinde gegen Übernahme der entsprechenden Steuerquote zwei oder noch mehr Landanteile zuweisen liefs, während der Ärmere nur einen Landanteil oder noch weniger, der vollständig Unbemittelte gar kein Land übernehmen konnte und daher zur Fristung seines Lebens — bei Wohlhabenden, die ihren grofsen landwirtschaftlichen Betrieb nicht mit den Arbeitskräften der eigenen Familie ausführen konnten — in ein Dienstverhältnis trat.

... So besafs der eine Wirt mehrere „Höfe" der andere nur einen halben oder einen viertel Hof. Keufsler Bd. I pag. 40.

auf nur 94 Bauernhöfe.[1]) Und im Anfang des XVII. Jahrhunderts ist die Zahl der Bobyli der Zahl der Bauern gleich.[2])

Neben dem Namen Bobyli finden wir für die Besitzlosen noch die Bezeichnungen: Kosaken, Hofesleute u. s. w., es waren meistens Knechte und Lohnarbeiter, die in den Häusern der wohlhabenden Bauern dienten, häufig auch in verschiedenen Gewerben thätig waren, in allen Fällen aber der Prototypus des modernen Proletariers geblieben sind. Sie besafsen nichts aufser ihrer Arbeitskraft.

9. Die Entstehung der Leibeigenschaft.

Am Ende des XVI. Jahrhunderts gab es in den centralen Provinzen des Moskauer Staates fast gar kein schwarzes Bauernland mehr. Das schwarze Land wurde den Dienstmannen des Zaren geschenkt oder verliehen und deshalb befand sich zu Ende des XVI. Jahrhunderts fast die gesamte Bauernschaft auf gutsherrlichem Boden.

Dieser gutsherrliche Boden zerfällt in 4 grofse Kategorien; Klosterland, Fürstenland, Dienstgut und Stammgut. Diese vier Kategorien des Grundbesitzes wurden verschieden besteuert. Die Bauern auf dem Fürstenlande zahlten weniger Steuern, als die auf dem Bojarenlande. Die Bauern auf den Dienst- und Erbgütern waren wiederum leichter besteuert als diejenigen auf den Gütern der Geistlichkeit. Die altrussische Grundsteuer war nämlich folgendermafsen organisiert. Die Steuereinheit war die „Socha", der Hacken, solch' ein „Hacken" umfafste 400—1200 Tschetwert oder 600—1800 Dessätinen, und zwar wechselte die Gröfse des Hackens je nachdem, ob es Fürstenland, Dienstgut oder Klosterland war. Nach den 52 Hackenbeschreibungen, die Milukoff anführt,[3]) besteht ein Hacken auf dem Klosterlande aus: 600 Tschetwert guten Landes, 700 Tschetwert mittleren Landes, 800

---

[1]) Ssokolowski. Geschichte der Dorfgemeinde etc. 125—126. Ssokolowski, der an die Existenz der Feldgemeinschaft fest glaubt, plagt sich damit ab, die Entstehung der Bobyli zu erklären, und die erste Ursache des Entstehens derselben sieht er „in der Möglichkeit, das Leben auch aufserhalb der Landwirtschaft zu fristen." Dies schreibt er auf der 16. Seite seines Buches „Das wirtschaftliche Leben der ländlichen Bevölkerung in Rufsland." St. Petersburg. 1878. In seinem anderen Buche „Die Geschichte der Dorfgemeinde in Nordrufsland" St. Petersburg 1877, schreibt er auf p. 125—126: „Die Lage dieser Landlosen (die Rede ist von den Bobyli) bei fast völligem Fehlen anderer Arbeitsphären aufser der Landwirtschaft, müfste ein Bild der schrecklichsten Armut darstellen."

[2]) Beläjeff: „Die Bauern in Rufsland." Moskau 1891 pag. 74—75.

[3]) Milukoff. Finanzgeschichtliche Streitfragen p. 48—49.

Tschetwert schlechten Landes, oder gar 900 Tschetwert sehr schlechten Landes, während der Hacken des Dienst- oder Fürstenlandes aus 800 Tschetwert guten Landes, 1000 Tschetwert mittleren und 1200 Tschetwert schlechten Grund und Bodens besteht. Da aber die Hackensteuer überall dieselbe war, so war infolgedessen das Klosterland höher als das Dienstgut, oder als das Fürstenland besteuert. Aufser dieser Begünstigung bekamen noch die einzelnen Gutsbesitzer besondere Privilegien: ihre Güter wurden ganz oder teilweise steuerfrei gemacht, und diese Verschiedenheit der Lasten, die der Grund und Boden zu tragen hatte, wirkte dahin, dafs die Stellung der Bauern in den verschiedenen Grundbesitzkategorien auch verschieden war.

Und nun wollen wir sehen, in welchen Verhältnissen die Bauern auf gutsherrlichem Boden zu den Gutsbesitzern standen.

Bis auf das XVI. Jahrhundert war das allgemein verbreitete Verhältnis der Bauern zu dem Gutsbesitzer das der „Palowniki", der Hälftner.[1]) Die Hälftner waren Bauern, die für die Nutzung des gutsherrlichen Grund und Bodens einen dem Gutsherrn nach Übereinkunft bestimmten Teil der Ernte abzugeben hatten. Der zu entrichtende Teil war ganz verschieden, er schwankte zwischen $1/2$ und $1/3$ des gesamten Bodenertrages.

Aber dieses Hälftnersystem war bereits im XVI. Jahrhundert in allen centralen Gegenden des Moskauer Staates durch das „Obrok-System", d. h., durch die Pacht, verdrängt worden. Der Obrok war die ausbedungene Rente, die der Gutsbesitzer zum Teil in Naturalien, zum Teil in Geld von den Bauern erhielt.

Eine dritte Verhältnisform des Bauern zum Gutsbesitzer, kommt unseres Wissens nur auf den Klostergütern vor. Die Pacht wird hier in Form der Frohndienste ausgedrückt, aber diese Frohndienste werden nicht durch eine bestimmte Zahl von Arbeitstagen normiert, sondern durch die Angabe der Gröfse der Landstücke, die der Bauer für den Gutsherrn als Entgelt für die Nutzung des Grund und Bodens zu bebauen hat.

Das sind die drei Arten des Vertrages zwischen dem Bauern und dem Herrn, die in dem Moskauer Staate vorkamen. In ihrer reinen Form kamen sie aber äufserst selten vor, meistens sind es Kombinationen von zwei, oder sogar von allen drei Vertragsarten.[2])

---

[1]) Urkunden der Archeographischen Expedition Bd. I p. 26—27 (aus dem Jahre 1437—61), p. 35—36 (aus dem Jahre 1450). Rechtsurkunden Nr. 176 aus dem Jahre 1547.

[2]) Z. B. Rechtsurkunden Nr. 178 (aus dem Jahre 1576. — Eine Kombina-

Die Bauern sind aber nicht nur Pächter, sie sind sehr häufig auch Schuldner des Gutsherrn, denn selten hatte der Bauer Geld genug um eine Wirtschaft zu begründen, und bis zur Ernte leben zu können. Er war meistens bald um Lebensmittel, bald um Arbeitsvieh zu kaufen gezwungen eine Anleihe bei dem Gutsbesitzer zu machen. Von nun an wird schon sein Verhältnis zum Herrn nicht nur das eines Pächters, sondern auch noch das eines zinszahlenden Schuldners, des „Serebränik's", d. h. des „Silberzahlenden". Diese „Silberzahlenden" sind viel abhängiger von dem Herrn. Ohne die Schuld bezahlt zu haben, haben sie kein Recht den gutsherrlichen Boden zu verlassen, und wie es scheint, war deren Persönlichkeit beim Gutsbesitzer sozusagen, verpfändet. So meint Beläjeff, daſs auſser dem Pachtvertrag sie stets zur Disposition des Gutsherrn stehen, und auf sein Verlangen alle schweren Arbeiten verrichten muſsten.[1]) Diese Annahme scheint uns aber nicht begründet genug zu sein. Jedenfalls steht fest, daſs der Gutsherr eine sehr groſse Macht über die verschuldeten, von ihm völlig abhängigen Pächter hatte, und diese Macht war so groſs, daſs der Gutsherr mit Leichtigkeit das durchsetzen und einführen konnte, was dem Staate trotz seiner Omnipotenz in den späteren Jahrhunderten viel Mühe machte. Auf dem gutsherrlichen Boden ist zuerst die Feldgemeinschaft entstanden. Die erste Urkunde, die uns von einer Landumteilung berichtet, gehört dem Ende des XV. Jahrhunderts. Sie lautet folgendermaſsen:

„Von dem Mitropoliten Simon an Jurka Maslanicki. Es klagte mir Mathias, der Archimandrit meines Konstantino-Elenschen Klosters und erzählte mir, daſs die Klosterbauern aus Surolom und Dobroselje viel Land, und die Bauern des Klosters wenig Land bebauen. So fahre doch mit Mathias dem Archimandriten zu jenen Dörfern, lasse das Land in allen drei Feldern messen und gebe den Christen 5 Dessätinen in einem jeden Felde, und für das Kloster sollen sie die sechste Dessätine bebauen. Und wenn es überflüssiges Land geben wird, dann kann, wer will, auch mehr Land bekommen, nur bebaue er den sechsten Teil des Klosters. Wer keine Kräfte hat um 5 Dessätinen zu bebauen, der mag weniger für sich, und dem entsprechend weniger für das Kloster bebauen."[2])

---

tion von Geldpacht und Frohndienste), vgl. auſserdem die Rechtsurkunden Nr. 26, 182, 183, 186, 189, 191.

[1]) Beläjeff. Die Bauern in Ruſsland. p. 39.

[2]) Diese Urkunde ist zuerst teilweise von Beläjeff in der Zeitschrift „Ruſs-

Wir sehen also, dafs die bäuerlichen Pächter von dem Gutsherrn derartig abhängig waren, dafs sie sich sowohl Landumteilungen, als auch Landverteilungen gefallen lassen mufsten. Und da für den Gutsherrn wahrscheinlich vorteilhafter war die Pächter gleichmäfsig zu beschäftigen, liefs er das Land ohne weiteres umteilen. Aber im XV. Jahrhundert war die Herrschaft des Gutsherrn in engen Schranken gehalten. Der Bauer war frei: er konnte den Grund und Boden eines Gutsbesitzers verlassen und auf den eines anderen, wo er stets willkommen war, ziehen. Und war er einem Gutsherrn verschuldet, so fand sich gleich ein neuer Herr, der für ihn die Schuld bezahlte, um ihn zu sich herüberzulocken.

Diese ewige Bauernfängerei und das damit verbundene Hin- und Herziehen der bäuerlichen Bevölkerung im alten Rufsland ist so grofs, dafs der Kampf mit der Freizügigkeit im Mittelpunkte der Moskauer Agrarpolitik des XVI. und XVII. Jahrhunderts steht.

Im alten Rufsland ist ursprünglich der Bauer ein freier und gleichberechtigter Staatsbürger. Sein Verhältnis zu dem Gutsbesitzer ist durch einen Vertrag geregelt. Freilich ist der Bauer häufig vom Gutsherrn abhängig, aber er hat das Recht des freien Wegzuges. Der Vertrag zwischen dem Grundbesitzer und dem Bauer war nur auf ein Jahr geschlossen, gewöhnlich vom Herbst-Georgstag (24. November), bis zum Herbst-Georgstag, und an diesem Georgstag hatte der Bauer das Recht zu bleiben, oder wegzuziehen. Übrigens war der Kündigungstermin je nach den Ortschaften verschieden, so war z. B. in Pskow die Vigilia Skt. Philippi (14. November) dieser Kündigungstermin.[1])

Eine gewisse Erschwerung des Umzuges ist schon in dem ersten Gesetzbuche, in dem „Ssudebnik", dem Gerichtsbuche vom Jahre 1497, zu konstatieren. Die betreffende Stelle lautet folgendermafsen:

„Und die Bauern sollen kündigen aus einem Gebiete in das andere, oder aus einem Dorfe in das andere zu einem Termin im Jahre, innerhalb einer Woche vor und einer Woche nach dem Herbst-Georgentage. Und der Hof auf freiem Felde gilt einen Rubel, und im Walde einen halben, und welcher Bauer auf jemandes Lande ein Jahr gesessen hat und zieht weg, so bezahlt er einen viertel Hof:

---

kaja Besseda" 1858 Bd. I p. 118, und vollständig von Wilukoff in seinen „Finanzgeschichtlichen Streitfragen" p. 32, veröffentlicht. Simon war Mitropolit von 1496—1510.

[1]) Urkunden der Archeographischen Expedition. Bd. I. Nr. 48 und 83.

und wer zwei Jahre safs und zieht weg, der zahlt dreiviertel; aber wer vier Jahre safs, der zahlt den ganzen Hof."

Wir sehen aus dieser Bestimmung, dafs der Bauer aufser der vereinbarten Pacht noch ein besonderes Wohngeld zahlen mufs im Falle, wenn er wegziehen will. Zweitens werden, wie Engelmann[1]) sehr richtig betont, im Gerichtsbuche nicht beide vertragschliefsende Parteien behandelt, sondern nur der Bauer. Das Recht des Grundherrn scheint als etwas Selbstverständliches, und keiner weiteren Formulierung bedürftig, dagegen wird das Recht der Bauern beschränkt. Die neue Entschädigung, die der Bauer an seinen Herrn im Falle des Wegzuges zahlen mufste — nämlich unter Umständen einen ganzen Rubel — war so hoch, dafs sie in vielen Fällen einem Kündigungsverbote gleich kam. Denn ein Rubel war die Summe, für die nach dem damaligen Geldwert ein Bauer ein Jahr leben konnte, und die Lage der Bauern zu damaliger Zeit war so gedrückt, dafs von solchen Ersparnissen kaum die Rede sein konnte. Der Bauer war deshalb nur dann imstande sein Kündigungsrecht geltend zu machen, wenn irgend ein reicher Gutsbesitzer, der die Zahl seiner Bauern vermehren wollte, ihm das nötige Geld lieh, um den Vertrag mit seinem früheren Herrn zu lösen. Unter solchen Umständen hatte der Bauer von dem Umzuge kaum irgend welche Vorteile, denn er war schon von vorneherein nicht nur des neuen Herrn Bauer, sondern auch schon Schuldner, dessen Lage nicht beneidenswert war.

Das zweite Gerichtsbuch vom Jahre 1550 geht in dieser Richtung noch einen Schritt weiter: das Wohngeld wird um zwei Altyn erhöht.

Wir sehen, dafs der Staat systematisch die Freizügigkeit der Bauern beschränkt, und wollen deshalb von der Gesetzgebung zum Volksleben selber übergehen, um die Entstehung der Leibeigenschaft besser zu verstehen.

Genaue Angaben über die Mobilisation der bäuerlichen Bevölkerung im XV. und XVI. Jahrhundert haben wir nicht, aber Ssokolowskis Bearbeitung der Materialien der Steuerbücher, geben uns einen Anhalt zur relativen Beurteilung der Mobilisation der Bauern; wir können feststellen, dafs in einer Periode das Hin- und Herziehen der Bauern, oder deren Flucht nach dem Südosten gröfser war, als in anderen Perioden.

Zwei Steuerbücher der Derewschen Pjatina aus dem Ende des XV. Jahrhunderts, zwischen denen wahrscheinlich eine Zwischenzeit

---

[1]) Engelmann. Die Leibeigenschaft in Rufsland. p. 20—21.

von 17 Jahren liegt, geben uns manche Anhaltspunkte für die Beurteilung der uns interessierenden Frage.

Rutiner Kirchspiel.

Fürstliche Domänen.

Nach den Angaben:

	des alten Steuerbuches.	des neuen Steuerbuches.
In einem Güterkomplex:	24 Dörfer, 58 Höfe.	23 Dörfer, 65 Höfe
„ 2. „	6 „ 11 „	6 „ 11 „
„ 3. „	3 „ 11 „	3 „ 8 „

Dienstgüter.

In einem Güterkomplex:	40 Dörfer, 78 Höfe.	40 Dörfer, 88 Höfe
„ 2. „	19 „ 36 „	19 „ 35 „
„ 3. „	10 „ 18 „	10 „ 18 „
„ 4. „	21 „ 26 „	21 „ 26 „

Klostergüter.

| Auf Güterkomplex | 17 Dörfer, 22 Höfe. | 18 Dörfer, 33 Höfe |

Segliner Kirchspiel.

Fürstliche Domänen.

| In einem Gute | 1 Dorf, 2 Höfe. | 1 Dorf, 2 Höfe. |
| „ 2. „ | 65 Dörfer, 119 „ | 81 Dörfer, 236 „ |

Dienstgüter.

In einem Gute	56 Dörfer, 85 Höfe.	66 Dörfer, 129 Höfe
„ 2. „	15 „ 33 „	12 „ 28 „
„ 3. „	11 „ 23 „	11 „ 23 „

Welikoporoger Kirchspiel.

Fürstliche Domäne.

| In einem Gute | 9 Dörfer, 19 Höfe. | 14 Dörfer, 31 Höfe |

Dienstgüter.

In einem Gute	24 Dörfer, 35 Höfe.	27 Dörfer, 33 Höfe
„ 2. „	4 „ 8 „	4 „ 8 „
„ 3. „	10 „ 13 „	9 „ 15 „
„ 4. „	9 „ 14 „	9 „ 9 „

Bauernland.

| | 8 Dörfer, 15 Höfe. | 9 Dörfer, 15 Höfe |

Tücholer Kirchspiel.

| Auf einem Fürstengute | 7 Dörfer, 20 Höfe. | 7 Dörfer, 26 Höfe |

Auf einem Dienstgute	2 Dörfer, 6 Höfe.	4 Dörfer, 11 Höfe

Klostergüter.

Auf einem Gute	6 Dörfer, 16 Höfe.	6 Dörfer, 17 Höfe
Im 2. „	11 „ 17 „	11 „ 18 „
„ 3. „	26 „ 51 „	45 „ 63 „

Nerecer Kirchspiel.

Auf einem Fürstengute	10 Dörfer, 13 Höfe.	10 Dörfer, 15 Höfe
„ „ Dienstgute	13 „ 29 „	13 „ 26 „
„ d. 2. „	6 „ 8 „	6 „ 9 „
„ einem Klostergute	9 „ 13 „	9 „ 12 „
„ Bauernland	2 „ 3 „	2 „ 3 „
dto.	1 „ 4 „	2 „ 3 „

Wir sehen aus diesen Zahlen, dafs sich in der 17jährigen Zwischenzeit die Bauernzahl nicht sehr verändert hat, woraus wir schliefsen können, dafs auch das Hin- und Herziehen der Bauern noch keine besonders tiefgreifende Erscheinung war. Anders liegen die Verhältnisse am Ende des XVI. Jahrhunderts. Die Zahl der verlassenen Dörfer und Höfe übersteigt bei weitem die Zahl der bewohnten. Z. B. im Wassilkower Distrikt des Moskauer Kreises giebt es in den Jahren 1570–80 = 46 bewohnte Dörfer, und 158 verlassene, aus denen eine jede Spur menschlichen Lebens verschwunden ist. Im Koschelewer Distrikte fallen 44 verlassene Dörfer auf je ein bewohntes. Ungefähr dasselbe Verhältnis ist fast in allen anderen Distrikten des Moskauer Kreises. Ebenso liegen die Verhältnisse in anderen zentralen Kreisen, so z. B. im Kreise Kolomna. In den Jahren 1577—1578 giebt es 727 verlassene Dörfer. In den Kreisen Polozk (1569), Tula (1587–89), Wjazma (1594—95) ist die Zahl der verlassenen Höfe gleich der Zahl der bewohnten. Auf den 467 ☐ Werst der Derewschen Pjatina sind in den achtziger Jahren des XVI. Jahrhunderts nur 123 bewohnte Dörfer übrig geblieben, 967 Dörfer liegen öde und verlassen!

Wodurch ist diese allgemeine Flucht der Bauern, die einen epidemischen Charakter trägt, zu erklären? Die Gründung und Konsolidierung des grofsen Moskauer Reiches war für alle Stände mit grofsen Opfern verbunden, besonders grofse Lasten wurden naturgemäfs der niedersten Klasse der Bauern auferlegt. Die unaufhörlichen Kriege forderten im gesteigerten Mafse Geld und Naturalabgaben von den Bauern. Die psychologische Folge dieser Kriege war die völlige Verwilderung der inneren Administration. Und die Ansprüche der Gutsherren steigerten sich parallel mit den Ansprüchen des Staates. Den Bauern blieb nichts anderes übrig, als auf die Wolga, den Don, den Ural, nach Litthauen und nach Sibiren zu flüchten.

Wir wollen als Illustration die Kriege aufzählen, die z. B. die Nowgoroder Provinzen in jener Epoche durchleben mufsten. Bald nach dem Überfall des deutschen Ritter-Ordens unter dem Grofsmeister Finke, der die Stadt Jamburg verbrannt hat, wurde auf dem Nowgoroder Boden 1448 ein Krieg mit den Schweden ausgefochten. Bald nach diesem Kriege machte Wassily, der Geblendete, Nowgorod tributpflichtig. Nach dem mifslungenen Versuch, unter das Protektorat Kasimirs, des Königs von Polen, überzugehen, wird Nowgorod von dem Moskauer Heere 1471 verwüstet. Im Jahre 1478 wird Nowgorod zur Moskauer Provinz und mufs alle Lasten der Moskauer Kriege tragen. Im Jahre 1555 wird die Wodsche Pjatina von den Schweden verwüstet, im Jahre 1558 fängt der lange Krieg mit Livland an. Im Jahre 1569 wird Nowgorod von Iwan dem Schrecklichen, der einen Verrat vermutete, verheert und zu Grunde gerichtet; halb Nowgorod endete auf dem Schaffot. Im Jahre 1581 eroberten die Schweden und Litthauer die Stadt Iwangorod; nach dem Vertrage von 1583 erhielten die Schweden die Städte Jwangorod, Jamburg und Koporje. Im Jahre 1590 eroberte der Zar Fedor Johannowitsch Jamburg wieder zurück. 1591 kommen wieder die Schweden und dringen bis Gdow, das Land verwüstend, vor. Im Jahre 1595 wurde endlich mit Schweden Frieden geschlossen, 1611 fängt der Krieg wieder an . . . . .

Aus dieser chronologischen Aufzählung der Kriege, kann man sich wohl vorstellen, in welchem Zustande sich das Land befand, aber noch mehr als die Kriege, verheerte es die Hungersnot und die Pest, und noch mehr als unter der Pest, litt der Bauer von der Moskauer Administration.[1])

Dafs die Bauern wegen der Steuern und Lasten und vor den Erpressungen und dem wüsten Treiben der russischen Administrationen flüchteten, bezeugen sie selbst, es bestätigt das auch die grofse Versammlung der Stände im Jahre 1584.[2])

---

[1]) Vgl. Ssokolowski. Geschichte der Dorfgemeinden in Rufsland p. 39—52.
[2]) Vgl. Urkunden der archeographischen Expedition. Bd. I Nr. 234, 242, 243, 258, 344; Sammlung der Staatsurkunden und Verträge Bd. I Nr. 202; Rechtsurkunden Nr. 209. Historische Urkunden Bd. I 200; Ergänzung der Historischen

Das Hin- und Herziehen der Bauernschaft oder gar deren Flucht nach dem Südosten pafste nicht in das Programm des Moskauer Staates. Der Moskauer Staat, der an die Stelle der Teil-Fürstentümer getreten, war ein durchaus zentralisierter Staat, der nichts von bürgerlicher Freiheit und nichts von feudaler Unabhängigkeit wufste. Ein jeder Bürger, ob Fürst, ob Bauer, mufste dem Staate dienen. Der grofse Moskauer Feldherr, Fürst Kurbski, der vor dem Cäsarenwahne Iwans IV. geflüchtet war, schrieb an den schrecklichen Zaren: „Du hast das russische Zarenreich vermauert und die natürliche Freiheit des Menschen hast du in eine Höllenfestung eingesperrt." Der Fürst Kurbski hatte Recht, zu einer höllischen Festung ist das Zarenreich geworden, aber der moskowitische Staatszwang war notwendig, und für die „natürliche Freiheit" der Fürsten konnte es in Moskau keinen Platz geben, denn auf den Trümmern der Fürstentümer ist der grofse Staat erstanden. Der Alleinherrscher des Moskauer Reiches mufste einen harten Kampf mit den mächtigen Fürstengeschlechtern ausfechten. Unter Iwan dem Schrecklichen fing dieser Kampf an. Zuallererst mufsten die Nachkommen des Ruriks und Gedemins, Dienstmänner des Moskauer Zaren werden, sie wurden an den Dienst gebunden, und hatten kein Recht, ihn freiwillig niederzulegen. Nach und nach wurden ihnen ihre erblichen Stammgüter, mit denen ihre Traditionen aufs engste verknüpft waren, weggenommen. Anstatt dieser erhielten sie Erbgüter in anderen Gegenden, oder Dienstgüter. In seinem Testament zählt Jwan der Schreckliche zwanzig solcher konfiszierten fürstlichen Stammgüter auf. Aber die fürstlichen Traditionen konnten nur mit dem Leben selber aus deren Brust herausgerissen werden; auch vor diesem Schritte blieb der Moskauer Staat nicht stehen. Der Kampf des Moskauer Zaren mit den russischen Fürstenhäusern, endete mit völliger Ausrottung derselben. „Geschlechterweise," wie Kurbsky sagt, wurden sie ermordet, so fielen alle die Prosorowskis, die Uschatys, die Worotynskis, die Odojewskis, die Schčenjateffs, die Patrikejeffs, die Schujskis, die Mstislawskis u. s. w. Die Nachfolger Iwans des Schrecklichen hielten an dieser Politik fest, nur mordeten sie nicht so rücksichtslos wie der Schrekliche und beschränkten sich darauf diesen das Heiraten zu ver-

---

Urkunden. Bd. I, 298. Über die Steuern und Abgaben vgl. Historische Urkunden Bd. I Nr. 111. 188. Ergänzung der Historischen Urkunden Bd. I; Nr. 114. 122. 133, 148, 152.

bieten, damit die alten Fürstengeschlechter ohne Nachkommen aussterben mufsten.[1])

So gelang es, den Adel zum Dienstadel zu machen. Aber nicht nur die Selbständigkeit der Bojaren wurde vernichtet, sondern auch alle Berufsstände wurden an ihre Beschäftigung und an ihre Gemeinde gebunden. Kaufleute und Handwerker mufsten im Interesse und im Dienste des Staates arbeiten. „Die moskowitischen Grofsfürsten und Zaren", sagt Engelmann, „festigen ihre Regierung durch Begründung und Ausbildung der Alleinherrschaft; die gesamte Thätigkeit des Volkes stellen sie unter ihre unmittelbare Leitung. Die bisher freien Berufsstände werden in Klassen umgeschaffen, jeder ist an seine Klasse und an seine Beschäftigung gebunden, jeder hat dem Staate zu dienen, wie es der Zar und seine Amtsleute befehlen. Das freie Grundeigentum, am schärfsten ausgebildet in den Herrschaften der ehemaligen Teilfürsten, wird vernichtet oder beschränkt. Der Eigentümer hat sein Land einzig zu dem Zweck, um dem Zaren zu dienen".[2])

Wir sehen also, dafs der einzige Stand, der an die Gemeinde und an seinen Dienst nicht gebunden war, der also eine relative Freiheit besafs, der ökonomisch niedrigste, der der Bauern war. Der Bauer hatte das Recht der Freizügigkeit. Die Frage ist deshalb nicht, warum der Bauer an die Scholle gefesselt wurde, sondern warum ihm so spät das Freizügigkeitsrecht genommen worden?

Die Antwort darauf ist, dafs der Bauer auf gutsherrlichem Boden safs. Zwischen dem Staate und dem Bauer stand der Gutsbesitzer, und da in diesem Falle das fiskalische Interesse und das Interesse des Gutsbesitzers, der dabei noch Dienstmann war, sich völlig deckten, waren die Interessen des Gutsbesitzers mafsgebend für die moskowitische Politik. Die Gutsbesitzer aber hatten durchaus verschiedene Interessen. Ein jeder wollte, dafs seine eigenen Bauern an die Scholle gefesselt sein sollten, die Bauern der Nachbarn wollte er aber frei sehen; denn ein jeder wollte nicht nur die Bauern, die er hatte behalten, nein, er wollte noch möglichst viel fremde an sich locken. Diese zwei Wünsche verkörperten sich in zwei grofsen Gutsbesitzer-Kategorien. Der grofse reiche Gutsbesitzer, der Geld genug hatte,

---

[1]) Vgl. Milukoff. Studien über die russische Kulturgeschichte. St. Petersburg. 1896. p. 168—169.

[2]) Engelmann. Die Leibeigenschaft in Rufsland. p. 29.

um die Schulden des Bauern zu bezahlen, und ihm Vorschüsse zu gewähren, der aufserdem weniger Steuern als sein ärmerer Nachbar zahlte, und deshalb auch den Bauern günstigere Bedingungen stellen konnte, dem war es ein Leichtes, dem armen Gutsbesitzer seine Bauern wegzulocken. Dieser hatte deshalb auch von der Freizügigkeit den gröfsten Nutzen, und wahrte seine Interessen, die sich ihm aus derselben boten. Eine umgekehrte Bedeutung hatte die Freizügigkeit für den armen Gutsbesitzer, er strebte mit allen Kräften, die Hörigkeit der Bauern zu bewirken. — So kämpften um den Bauer zwei grofse Gutsbesitzerklassen. Faktisch hatte der Bauer überhaupt kein Freizügigkeitsrecht, denn er war privatrechtlich so an seinen Herrn und an dessen Boden gefesselt, dafs er ihn niemals zu verlassen im stande gewesen wäre, wenn ihn nicht ein anderer Gutsbesitzer losgekauft hätte. Von dem neuen Herrn wurde der Bauer nun schon doppelt abhängig, er ist durch dieses Loskaufen nicht nur Bauer, sondern auch Schuldner desselben.

Solche Bauernfängerei und die damit verbundene Verarmung der kleinen Dienstleute war für den Staat höchst gefährlich, und seine Aufgabe war, dem Übel möglichst radikal ein Ende zu machen.

Die herrschende und einflufsreichste Klasse in diesem Moskauer Staate war aber eben dieser reiche, und durch Privilegien zum Teil steuerfreie Gutsbesitzer, in dessen Interesse ja auch die Freizügigkeit der Bauern lag. So geht der Staat auf dem Wege der Beschränkung der Freizügigkeit nur langsam vor. Zwischen den ersten Mafsregeln gegen die Freizügigkeit und der Einführung der Leibeigenschaft, liegen ungefähr zwei Jahrhunderte. In der Mitte des XV. Jahrhunderts war der freie Umzug der Bauern nur in gewissen, vom Staate festgesetzten Jahreszeiten bestimmt, meistens am St. Georg-Tag.[1])

Dieser freie Umzug der Bauern wird normiert von dem Gerichtsbuche Iwans III. (1497) und von dem Gerichtsbuche Iwans IV. (1550). Diese zwei Gerichtsbücher weisen, wie wir schon früher ausgeführt haben, eine Erschwerung des Umzuges auf. Es wird das „Wohngeld" (poẑiloje), das Geld, das der Bauer dem Herrn beim Umzuge zahlte, erhöht. Endlich kam der Ukas vom 21. November 1597.[1])

Wir sahen, dafs am Ende des XVI. Jahrhunderts die Bauernschaft durch die Steuern und Kriege zu einer förmlichen Flucht vom

---

[1]) Über die bestimmten Umzugstage siehe „Historische Urkunden" Nr. 178 180. — Rechtsurkunden, Nr. 232, 233, 235, 237, 238, 247.

flachen Lande gezwungen war. Die meisten Dörfer waren von den Bauern verlassen, diese flüchteten zum grofsen Teil in die Steppen des Südostens. Diese Flucht hatte Zustände hervorgerufen, die ein energisches Einschreiten des Staates erforderten. So fühlte sich die Regierung gezwungen, die Bauern endlich an ihre Scholle zu fesseln. Der Ukas vom 21. November 1597 lautet:

„Welche Bauern von den Dienst- und Erbgütern der Bojaren „und anderer Gutsbesitzer weggelaufen sind, fünf Jahre von jetzt „zurück, und gegen diese flüchtigen Bauern wegen ihrer Flucht „und gegen die Gutsbesitzer, bei denen sie nach ihrer Flucht „leben, soll man den Gutsbesitzern, von denen die Bauern ge-„flüchtet sind, Gericht geben und streng untersuchen mit allen „Mitteln; und nach Gericht und Untersuchung soll man die „flüchtigen Bauern mit ihren Kindern und Weibern und mit aller „ihrer Habe zurückführen dahin, wo ein jeder vorher gelebt hat. „Aber welche Bauern vor sechs oder vor sieben, oder vor zehn „Jahren und mehr gelaufen sind, und deren Gutsbesitzer haben „gegen die Bauern wegen ihrer Flucht und gegen die Guts-„besitzer, bei denen sie nun leben, bis zu diesem Jahre 1597 „vor sechs oder sieben oder zehn Jahren und mehr nicht ge-„klagt, so hat der Zar befohlen, gegen solche Läuflinge wegen „ihrer Flucht und gegen die Gutsbesitzer, bei denen sie nun „leben, kein Gericht zu geben und keine Untersuchung anzustellen „wegen flüchtiger Bauern, welche vor diesem Jahre 1597 im „Laufe von fünf Jahren geflohen sind. Wo aber eine Sache „anhängig gemacht ist vor diesem Jahre, die soll nach Gericht „und Untersuchung entschieden werden."

Dieser Ukas ist charakteristisch. Das Recht der Bauern wird einfach ignoriert. Die Bauern, die von ihrem Rechte der Freizügigkeit Gebrauch machten, wurden als Läuflinge hingestellt, gleich denen, die ohne Kündigung flüchteten. Man konnte denken, dafs dieser Ukas nur auf Läuflinge, also auf solche, die ohne ihren Verpflichtungen nachzukommen, gelaufen sind, sich bezieht! Aber es ist geschichtliche Thatsache: diesem Ukase, der mit keinem Worte auf ein Verbot der Freizügigkeit anspielt, verdankt die Hörigkeit ihre Entstehung!

Professor Engelmann vergleicht in einer aufserordentlich geistreichen Weise diesen Ukas mit den, die im XVIII. Jahrhundert in Klein- und Neurufsland die Leibeigenschaft eingeführt haben. Das

---

[1]) Historische Urkunden. N. 221.

Wort „Leibeigenschaft" kommt auch in jenen Ukasen nicht vor, man spricht von „Aufrechterhaltung der Ordnung", man verordnet die „Sicherung der Abgaben und Leistungen" und unter diesen frommen Worten war die Einführung der krassesten, unbeschränktesten Leibeigenschaftsform versteckt. „Dieser Parallelismus", sagt Engelmann, „geht bis an das Detail der Durchführung, weil die eine wie andere Mafsregel ohne Rücksicht auf das Recht, blofs mit Rücksicht auf den Nutzen getroffen wird" . . . .

. . . „Zug für Zug wie am Ende des XVI. Jahrhunderts: dieselben Ursachen, dieselbe Motivierung, dasselbe Ignorieren des bestehenden Rechts, dieselbe Scheu die Mafsregel bei ihrem wahren Namen zu nennen, und — derselbe Erfolg, die Einführung der Leibeigenschaft, und zwar hier sofort in ihrer krassesten unbeschränktesten Form." [1])

Da wir die Entwicklung der Leibeigenschaft in Rufsland nur insofern es unsere Aufgabe erfordert verfolgen, gehen wir auf die einzelnen Ukase nicht ein. Seit dem Tode Iwans des Schrecklichen steht die Einführung der Leibeigenschaft auf der Tagesordnung. Einzelne Ukase (wie z. B. der vom 21. November 1601, des Zaren Boris) weisen manche Abweichungen von der herrschenden Tendenz auf, sie sind aber selber nur ein Produkt der momentanen politischen Konjunkturen.

Im grofsen und ganzen bleibt die Thatsache bestehen: die Leibeigenschaft ist im Jahre 1597 eingeführt, sie bedarf nur der weiteren Ausbildung. Und diese grofse und prinzipielle Weiterentwicklung erfährt die Leibeigenschaft im Gesetzbuche vom Jahre 1649. Der privatrechtliche Charakter der Hörigkeit bekommt eine staatsrechtliche Sanktion und die Leibeigenschaft wird zur Institution des russischen Staatsrechtes. — Was bedeutet der Ukas vom Jahre 1597? Der Vertrag, den der Bauer mit dem Gutsherrn geschlossen hat, ist unkündbar goworden, aber der Bauer safs auf dem gutsherrlichen Grund und Boden, auf Grund seines Vertrages. Hörig war nur der Bauer, der durch den unkündbaren, erblichen Vertrag an die Scholle gebunden war, aber die Söhne, Verwandten und Arbeiter, die auf dem Hofe des Bauern wohnten, die waren frei. Nach dem Tode des Vaters wurde derjenige Sohn hörig, der den Hof übernahm, als Rechtsnachfolger des früheren Pächters, seine Brüder und Verwandten aber blieben freie Leute, sie konnten gehen, wohin sie wollten, oder wohin die Not sie trieb. Nach dem Gerichtsbuche vom Jahre 1649

---

[1]) Engelmann op. cit. p. 37.

entschied die Eintragung in die Land- und Steuerrollen darüber, wohin ein jeder hörig war; es entscheidet also über die Hörigkeit kein Vertrag mehr, sondern die Regierung ex officio.

Aufserdem wird durch das Gesetzbuch vom Jahre 1649 die Hörigkeit für alle Familienmitglieder und Nachkommen erblich.[1]

---

[1] Vgl. Engelmann op. cit. p. 55—77.
Beläjeff. Die Bauern in Rufsland. p. 127—150.

Vita.

Natus sum Vladimir Grigorjewitsch Simkhowitsch XIV die mensis Octobris a. MDCCCLXXIV in avi mei praedio Ciechanoviec, in circulo Bielsk sito. Primis litterarum elementis instructus sum a patre meo Grigorio Hieronymo Laurentio et a Dr. Julio Loss, educatore meo.

Anno LDCCCLXXXIII adii gymnasium Lomshae urbis, in quo versatus sum usque ad a. MDCCCLXXXVIII, quo anno me contuli in urbem Lodz, ubi a. MDCCCLXLI gymnasium absolvi. Deinde in patria mea studiis juridicis et historicis me dedi. Deinde a. MDCCCLXXXXIV Berolinum, a. MDCCCLXXXXIV Halas Saxonum me contuli, studii oeconomiae politicae me dediturus.

Berolini interfui scholis virorum illustrissimorum A. Bastian, Böckh, Breysig, A. Brückner, Dessoir, Dilthey, E. du Bois-Reymond (†), Gneist (†), Hoeniger, Harsley, Kekulé, Meitzen, Oldenburg, Paulsen, Runze, Schiemann, Schmoller, Sering, Simmel, Steinthal, Treitschke (†), A. Wagner, M. Weber, Ed. Zeller.

Halis scholis et seminariis interfui virorum illustrissimorum Conrad, Diehl, Erdmann, Friedberg, Loenig, Riehl, Stammler Vaihinger.

Omnibus meis praeceptoribus gratias ago maximas, praecipue Conrad et Stammler, quos studia mea egregie adjuvisse gratissimo animo agnosco.